New 농구교본
개인전술

KO NO CHIKARA WO NOBASU BASKETBALL KOJINIJUTSU RENSHU MENU 180
ⓒ IKEDA PUBLISHING CO., LTD. 2011
Originally published in Japan in 2011 by IKEDA PUBLISHING CO., LTD.
Korean translation rights arranged through TOHAN CORPORATION, TOKYO., and BC Agency, SEOUL.

이 책의 한국어판 저작권은 BC 에이전시를 통한 저작권자와의 독점 계약으로 삼호미디어에 있습니다.
저작권법에 의해 한국 내에서 보호를 받는 저작물이므로 무단전제와 복제를 금합니다.

New Basketball

New 농구교본
개인전술

히다카 데쓰로 지음 | 이명진 감수 | 박승희 옮김

Massage of the superviser

일류 선수로 가는 길

개인의 기술 향상은
곧 팀 실력을 향상시키는 길이다

일류 선수가 되고 싶다면
기본에 충실하라

농구는 팀 당 5명의 선수가 득점을 올리기 위해 싸우는 팀 스포츠다. 공격에서는 동료와 협력하여 슛 찬스를 만들어 득점을 노리고, 수비에서는 서로 도와가며 상대에게 득점을 허락하지 않는 것이 목표이다. 이러한 철두철미한 팀플레이야말로 진정한 팀의 실력이라고 할 수 있다. 그리고 이런 팀의 실력을 높이기 위해 반드시 필요한 것이 바로 '개인 기술'이다. 실제로 넓은 코트에서 10명의 선수가 40분 간 경기를 뛰는데, 이를 나누어 보면 선수 1명이 공과 접촉하는 시간은 약 4분밖에 되지 않는다. 그래서 개인 기술에 따라 볼 점유율이 달라질 수 있다.

보통 농구라고 하면 손으로 공을 다루는 기술인 '핸드워크'만 생각한다. 그러나 '이동, 정지, 도약' 등의 '풋워크'도 중요한 기술이다. 그리고 이 '핸드워크'와 '풋워크'의 버팀목이 되는 것이 바로 20쪽에서 소개할 농구의 '기본 자세'이다. 공을 잘 던지고 받기 위해서는 어떤 상황에서도 이 기본 자세를 유지해야 하며, 몸이 기억하도록 만들어야 한다. 기본 자세를 내 것으로 만드는 것이야말로 기술을 익히기 위한 절대적 조건인 것이다. 그리고 이를 습득하기 위해서는 착실한 연습 밖에 없으며, 일류 선수로 가는 첫 걸음임을 잊지 않아야 한다.

가장 중요한 기술은 슛이다

농구 경기에서는 3m 5cm 높이에 설치된 링에 상대보다 많은 공을 넣는 팀이 승리한다. 따라서 슛 기술이 가장 중요하다. '드리블로 돌파하기', '패스 주고받기', '움직이며 상대 따돌리기' 등의 기술과 팀 단위의 콤비네이션 플레이는 '슛을 넣어 득점을 얻기 위한 수단'에 지나지 않는다. 제일 중요한 것은 슛 능력인 것이다. 과거에는 골 근처

에 있는 빅맨(키가 큰 선수)에게 패스하면 바로 그 자리에서 슛을 넣는 플레이가 주류를 이루었다. 하지만 현대 농구는 다르다. 빅맨도 3점 슛을 쏠 줄 알아야 하고, 키가 작은 선수도 골 밑 플레이를 할 수 있어야 한다. 즉, 슛 기술과 슛을 쏘기 위한 플레이를 펼치는 것은 모든 선수가 익혀야 하는 필수 항목이 된 것이다.

지도자는 선수의 관점에서 생각하라

연습은 지도자의 사고방식이 포함되어 있고, 연습 방식 또한 다양하기 때문에 한마디로 어느 것이 옳다고 할 수 없다. 하지만 공통적으로 지도자가 중요하게 여겨야 하는 것은 '선수의 관점'에서 생각하는 것이다. 선수의 기량과 마음가짐, 컨디션 등을 세심하게 신경 쓰고, 경기 형식의 연습을 할 때는 직접 재량권을 주는 것이 중요하다. 예를 들어, 선수가 성공률이 낮은 애크러배틱 슛(Acrobatic shoot)을 시도하더라도 주의를 줄 것이 아니라 그 도전정신을 칭찬해야 한다. 선수는 자기 힘으로 이루었다는 쾌감과 주도성을 원하기 때문이다. 연습에서는 장점을 살리는 방법과, 단점을 극복하게 하는 방법이 있다. 굳이 어느 쪽을 중시해야 하는가를 묻는다면 나는 전자이다. 잘하면 '칭찬'을 하고, 잘못하면 '격려'를 하는 것이 좋다고 생각한다. 또한 선수는 훌륭한 선수의 플레이를 흉내 내, 내 것으로 만들어야 한다. 이 책에 역대 일류 선수들의 훌륭한 플레이를 소개했다. 반드시 참고하며 연습하고, 즐기도록 하자. 자신에게 맞는 나름대로의 방법을 연구하고 즐기면서 기술을 연마하는 것이 일류 선수로 가는 길이다!

치바대학 농구부 감독 히다카 데쓰로

감수자의 글

농구의 개인 기술 연습법을
체계적으로 다룬 학습 지침서

한국의 프로농구 선수들 중에는 개인기가 부족한 경우가 많습니다. 이는 많은 농구인들이 절감하는 부분이기도 합니다. 물론 개인의 문제이기도 하지만, 실상은 선수 개개인의 특성을 도외시한 채 연습시간 중 대부분을 팀플레이에만 할애하는 시스템에도 문제가 있습니다.

농구 경기의 모든 플레이는 선수 개개인의 플레이가 모이고 합쳐져서 만들어집니다. 그러므로 경기의 승패는 선수들의 개인기 실력에 달렸다고 해도 과언이 아닙니다. 이는 프로 선수는 물론이고 생활체육인 또는 동아리 농구나 직장인 농구를 하는 아마추어 선수에게도 마찬가지입니다. 따라서 개인기를 연마하기 위한 노력은 선수들 모두의 의무임과 동시에 지도자들 또한 효율적이고 합리적인 지도법을 연구하는 자세가 필요합니다.

실제로 점프볼직장인리그를 이끌었을 때, 대부분 독학으로 개인기를 연마하던 선수들이 있는 각 팀에 코치를 파견해, 체계적이고 조직적인 연습을 실시한 바가 있습니다. 그 결과 점프볼리그 자체도 발전하는 모습을 보여 주는 성과가 있었습니다. 체계적인 시스템을 만들기 위한 지도자들의 열의와 시간적 봉사가 있었기 때문에 이루어진 결과입니다. 하지만 현실적으로 농구를 위한 책자나 영상물 등 교육 자료도 만들지 못할 정도로 투자가 부족한 실정입니다.

이번에 발간되는 《New 농구교본 개인전술》은 이러한 현실에서 농구의 기본적인 개인전술을 익힐 수 있도록 사진과 함께 연습법이 잘 설명되어 있어 농구에 첫걸음을 내딛는 선수나 농구 동호인들에게 안성맞춤인 좋은 자료라고 생각합니다. 본책에 실린 181가지의 프로그램을 익히고, 연습한다면 다양한 개인 기술을 선보일 수 있을 것입니다. 꾸준한 연습만이 코트에서 자신을 보여 줄 수 있는 방법이란 점을 다시 한번 강조합니다.

점프볼리그조직위원회 이 명 진

목차

연습 프로그램 짜는 법 12
이 책을 보는 법 · 활용하는 법 14

제1장 기본 기술

기본 기술의 기초 지식 18

자세 기술 해설
기본 자세 20
기본 자세수비 시 21

풋워크·핸드워크 기술 해설
점프 스톱 22
스트라이드 스톱 23
피벗 24
공 이동시키기 25
슬라이드 스텝 26
크로스 스텝 27

자세 프로그램
001 업 다운 28
002 무릎 터치 29

풋워크 프로그램
003 다이아몬드 컷 30
004 조그 & 퀵스타트 31
005 조그 & 스톱 31
006 3점 라인 슬라이드 32
007 서클 슬라이드 33
008 어드밴스 스텝 34
009 리트리트 스텝 34
010 박스 슬라이드 35
011 런 & 글라이드 36
012 지그재그 더비햇 37
013 90도 프런트 턴 38
014 270도 프런트 턴 39
015 90도 백 턴 40
016 270도 백 턴 41
017 점프 스톱 & 턴 42
018 셰이빙 43

핸드워크 프로그램
019 핑거 컨트롤 44
020 에어 드리블 44
021 슬랩 45
022 리듬 드리블 46
023 플롭 47
024 플립 48
025 서클 49
026 8자 돌리기 50
027 퀵 핸드 51
028 플릭 52

제2장 슛

슛의 기초 지식 54

점프 슛 기술 해설
점프 슛 56

투 핸드 슛 기술 해설
투 핸드 슛 58

레이업 슛 기술 해설
레이업 슛 60

훅 슛 기술 해설
무빙 훅 슛 62
점프 훅 슛 64

점프 슛 프로그램
029 볼 릴리스 66
030 매직 터치 66
031 대면 슛 67
032 월 슛 68
033 자유투 69
034 뱅크 슛 70
035 대면 점프 슛 71
036 뎁스 점프 72

037 골 밑 슈팅 73
038 연속 슈팅 74
039 6개 지점에서 슈팅 74
040 경쟁하며 슈팅 75
041 여러 지점에서 슈팅 75
042 엘보 투 엘보 76
043 버디 77
044 파트너 슈팅 78
045 서커스 슈팅 79
046 트라이앵글 슈팅 80
047 1분 슈팅 81
048 클로즈 아웃 & 숏 82
049 프레셔 슈팅 83
050 270도 턴 & 숏 84
051 빌 브래들리 슈팅 워크아웃 85
052 비트 코비 85

레이업 숏 프로그램
053 캐리 스핀 86
054 리버스 캐리 스핀 87
055 훅 스핀 88
056 언더 스핀 89
057 피트 드릴 ①스트레이트 스텝 90
058 피트 드릴 ②크로스 오버 스텝 92
059 피트 드릴 ③범프 & 턴 93
060 피트 드릴 ④하프 턴 94
061 피트 드릴 ⑤갤럽 스텝 95
062 피트 드릴 ⑥스톱 & 턴 숏 96
063 퀵 레이업 97
064 파워 레이업 숏 98
065 클로즈업 숏 99

훅 숏 프로그램
066 무지개 궤도 그리기 100
067 점프 훅 슈팅 101
068 러닝 훅 숏 102
069 마이칸 드릴 ① 103
070 마이칸 드릴 ② 104

제3장 포스트 플레이

포스트 플레이의 기초 지식 106

포스트 플레이 기술 해설
실등 뒤에 있는 수비수 따돌리기 108
실옆에 있는 수비수 따돌리기 109
파워 리버스 110

포스트 플레이 프로그램
071 파워 리버스 → 범프 & 턴 112
072 파워 리버스 → 페이스 업 114
073 지노빌리 스텝 116
074 지노빌리 스텝 → 스톱 & 턴 숏 .. 118
075 지노빌리 스텝 → 페이드 어웨이 숏 .. 120
076 턴 어라운드 점프 숏 122
077 베이스라인에서의 포스트 123
078 하이 포스트에서의 파워 리버스 .. 124
079 숏 페인트모션 → 드라이브 인 .. 125
080 볼런터리 126
081 포스트에서 아웃사이드로의 패스 .. 127

제4장 드리블

드리블의 기초 지식 130

드리블 기술 해설
컨트롤 드리블 프리일 경우 132
컨트롤 드리블 마크당하고 있을 경우 .. 133
페니트레이트 드리블 134

드리블 프로그램
082 검지를 이용한 드리블 136
083 다섯손가락 드리블 136
084 월 드리블 137
085 세 지점 드리블 138
086 한 지점 드리블 139
087 숫자 부르기 140
088 서클 술래잡기 140

목차

089 드리블 술래잡기 141
090 드리블 태그 141
091 투 볼 드리블 ①좌우 동시 142
092 투 볼 드리블 ②좌우 교대 143
093 한 손 드리블 슛 ①스트레이트 144
094 한 손 드리블 슛 ②슬라럼 144
095 체이서 145
096 17회 터치 145
097 풀코트 쓰리 드리블 146
098 체인지 오브 페이스 147
099 스터터 148
100 프런트 체인지 149
101 레그 스루 150
102 비하인드 더 백 151
103 풀 백 152
104 롤 153
105 인사이드 아웃 154
106 토니 파커 155
107 투 볼 미라클 ① 156
108 투 볼 미라클 ② 157
109 드리블 변형 158

제5장 패스

패스의 기초 지식 160

패스 기술 해설
체스트 패스 162
패스 받는 법 164
패스 받는 법낮은 공일 경우 165

패스 프로그램
110 바운스 패스 166
111 원 핸드 푸시 패스 167
112 훅 바운스 패스 168
113 오버 헤드 패스 169
114 베이스볼 패스 169

115 패스 페인트모션 ①좌우 170
116 패스 페인트모션 ②상하 170
117 패스 페인트모션 ③타이밍 171
118 사이드라인 투 사이드라인 172
119 투 볼 패스 ①상하 173
120 투 볼 패스 ②좌우 173
121 훅 패스 174
122 연속 패스 175
123 2 대 1 패스 교환 ① 176
124 2 대 1 패스 교환 ②로브 패스 176
125 2 대 1 패스 교환 ③로테이션 177
126 풀코트 투 맨 178
127 하프코트 투 맨 ① 178
128 하프코트 투 맨 ②와이드 179

제6장 리바운드

리바운드의 기초 지식 182

리바운드 기술 해설
블록 아웃 184
슈터에 대한 블록 아웃 185
투 핸드 리바운드 186
원 핸드 리바운드 187

수비 리바운드 프로그램
129 슈퍼맨 188
130 연속 탭 189
131 한 손으로 끌어당기기 190
132 서클 블록 아웃 191
133 정글 드릴 192
134 2 대 2 정글 드릴 193

공격 리바운드 프로그램
135 스윔 암 194
136 백 롤 195
137 풋 백 ①옆으로 착지 196
138 풋 백 ②뒤로 착지 197

139 리바운드 & 슛 페인트모션 198
161 인플루언스 220
162 백 페달 220

제7장 1 대 1

1 대 1의 기초 지식 200

공격 중시의 1 대 1 기술 해설
잽 스텝 202
드라이브 인 203

수비 중시의 1 대 1 기술 해설
포지셔닝 204
드리블 대응 205

공격 중시의 1 대 1 프로그램
140 윙에서의 롤링 206
141 포인트 207
142 어드밴티지 1 대 1 드릴 207
143 리액션 208
144 핸드오프 208
145 코너에서의 1 대 1 209
146 센터에서의 1 대 1 209
147 윙에서의 1 대 1 210
148 카운터에서의 1 대 1 210
149 어드밴티지 플레어 211
150 어드밴티지 미트 아웃 212
151 속공 시의 1 대 1 213
152 루즈 볼 시의 1 대 1 213
153 하이 포스트에서의 1 대 1 214
154 로 포스트에서의 1 대 1 214
155 V컷에서의 1 대 1 215

수비 중시의 1 대 1 프로그램
156 스크린 216
157 컨테이너 217
158 디렉션 218
159 드리블 캐치업 219
160 슬라이드 스텝 시의 1 대 1 219

제8장 코디네이션

코디네이션의 기초 지식 222

체간 단련 프로그램
163 4지점 체간 스태빌리티 224
164 체간 스태빌리티 사이드 ① 225
165 체간 스태빌리티 사이드 ② 225
166 스파이더맨 226
167 한 발로 서기 227
168 한 발로 서서 상체 기울이기 227

코디네이션 프로그램
169 회전 패스 캐치 228
170 반회전 패스 캐치 229
171 던져 올려 패스 캐치 ① 230
172 던져 올려 패스 캐치 ② 231
173 던져 올려 패스 캐치 ③ 231
174 허리밀기 트레이닝 232
175 S자 트레이닝 232
176 투 볼 슈팅 233
177 한 발 스톱 234
178 밸런스 슈팅 235
179 동시 점프 드리블 236
180 번갈아 점프 드리블 236
181 십자(十) 스텝 밟기 237

연습 프로그램 짜는 법 / 농구 연습이란

기술의 가치와 의미를 아는 것이 우선이다

1. 연습 목표

선수 개개인의 기술이 없으면 팀 전술을 발휘할 수 없다

경기에서 이기기 위해서는 연습이 필수다. 연습은 승리를 확실히 내 것으로 만들기 위한 것이며, 승리로 향한 길을 걷기 위함이다. 그리고 그 길에 해당하는 것이 바로 '전략과 전술'이다. 농구에서의 전술이란 선수에게 역할을 주고 동작을 규칙화해 득점을 위한 행동계획을 짜는 것인데, 이렇게 짠 전술은 선수의 기술 구사력에 따라 승패가 갈린다. 시시각각 변하는 경기 상황에서 선수가 하는 상황판단, 일체화된 팀플레이에 따라 비로소 전술도 위력을 발휘할 수 있는 것이다. 기술 향상에는 왕도가 없다. 매일 충실하게 연습하는 것만이 방법이다.

2. 연습에 대한 개념

기술을 익히는 과정은 3단계로 나누어 생각한다

기술을 익히는 과정은 3가지 단계가 있다. 1단계는 지도자가 직접 선수들에게 각 기술의 의미와 가치를 선수들에게 교육하는 것이다. 기술의 메커니즘에 대한 이해도를 높이는 단계이기도 하다. 2단계는 '클로즈드 스킬'이라 부르는 것으로 배운 기술을 몸으로 터득하고 표현하는 것이다. 물론 농구에서는 모든 기술에 상황판단이 따르지만, 이 단계에서는 신체 조작의 측면을 중시해야 한다.

3단계는 '오픈 스킬'이라 부르는 연습으로 이때야말로 비로소 경기 중 상황판단이 중시되고, 이에 따라 신체 조작을 수행할 수 있다.
모든 연습의 최종 목표는 '생각보다 몸이 먼저 적절하고 자연스럽게 움직이는 것'이다. 실전에 가까운 연습을 하면 크게 발전한다. 한 가지 더 추가한다면 '스피드와 힘을 향상시키는 것'도 있다. 하지만, 3단계로만 나누어 생각하는 것이 보통이다.

기술을 익히는 과정

1단계	기술 파악	해당 기술의 이름과 의미를 알고, 어떤 상황에 어떻게 몸을 움직여야 하는지를 안다.
2단계	기술 습득 (클로즈드 스킬)	상황을 설정하고 수비수 없이 슛과 패스, 드리블 등의 기본 기술을 실수 없이 정확하게 실시한다.
3단계	기술 발휘 (오픈 스킬)	경기 중에 기술을 습관화·자동화하는 것으로, 실전에 가까운 연습으로 상황판단력을 높여 행한다.

3. 연습 프로그램 짜는 법

풀코트에서의 5 대 5 연습은 필수다

일일연습 프로그램을 짜는 법에 정답은 없지만 아래 표와 같이 짜면 효율적이다. 연습 프로그램이 매일 똑같으면 선수는 싫증을 느끼기 마련이다. 집중력 또한 떨어지므로 한 가지 연습을 매일 해야 한다면 7~12분으로 제한하는 것이 좋다. 팀 프로그램을 다음과 같이 짜보자.

처음에는 풀코트에서 5 대 5 경기를 한다. 5 대 5 경기는 선수에게 농구에 대한 기본적인 재미를 느끼게 하고, 얻는 기술 또한 셀 수 없이 많기 때문에 좋은 연습 방법이다. 그리고 마지막 연습은 공격이 유리한 '3 대 2'나 '2 대 1' 경기를 하도록 한다. 이를 '아웃넘버 드릴'이라 하는데 쉽게 슛을 넣고, 패스를 화려하게 할 수 있어 누구나 히어로가 되는 기쁨을 만끽할 수 있다. 그래서 선수들은 모두 다음 연습을 기다리게 된다. 이 책에는 자유 시간에도 개인 연습을 할 수 있도록 다양한 기술을 자세하고 꼼꼼하게 설명하며, 다수의 연습 프로그램도 소개하고 있다. 초급자는 순서대로 연습해 기량을 늘리고, 중급자 이상이라면 자신의 목표에 맞춰 선택적으로 연습하자.

만약, 연습 시간에 제한이 있다면 슛 기술을 향상시키는 것을 최우선으로 연습한다. 이는 기본 중의 기본 방침으로, 슛 연습으로 손과 발을 자유롭게 쓸 수 있게 해 '핸드워크'와 '풋워크'를 자유자재로 구사할 수 있도록 한다. 그리고 이후에는 1 대 1 연습으로 상대방과의 대결 전술도 익힐 수 있도록 해야 한다. 다양한 면을 고려해 연습 프로그램을 효과적으로 짜도록 하자.

일반적인 일일연습 예제

1단계	워밍업	러닝과 스트레칭 등으로 몸을 푼다.
2단계	기술 연습	개인 기술을 키우기 위한 연습 또는 포메이션(작전을 위한 공격 대형)을 짜서 팀 연습을 한다.
3단계	순발력 연습	풋워크와 리바운드, 혹은 1 대 1 등 순발력을 필요로 하는 기술을 연습한다.
4단계	지구력 연습	풀코트를 이용해 기본 기술과 함께 지구력을 키우는 연습을 한다.
5단계	경기	'5 대 5' 경기로 팀플레이를 해 농구의 기본 재미를 느끼도록 하고, 개인 기술력을 향상시킨다.
6단계	아웃넘버 드릴	'3 대 2'나 '2 대 1' 등 공격을 유리하게 만들어 선수가 슛을 넣는 재미를 느낄 수 있도록 한다.
7단계	쿨다운	조깅이나 스트레칭 등으로 몸을 릴렉싱한다.

이 책을 보는 법 · 활용하는 법

이 책의 각 장은 기본적으로 〈기초 지식〉, 〈기술 해설〉, 〈프로그램〉 3가지 요소로 구성되어 있다. 기술을 익히기 위해서는 모든 연습을 천천히 그리고 정확하게 하는 것이 중요하다. 정확한 동작이 가능해지면 스피드를 높여 나가자.

● 〈기초 지식〉 페이지

기술의 개념과 포인트, 연습 시 주의할 점을 소개한다. 기술의 의미와 가치를 이해하고 메커니즘을 알게 되면 기술력을 효율적으로 향상시킬 수 있다. 실제 연습에 들어가기 전에 본 페이지에서 소개하고 있는 이론을 이해하자.

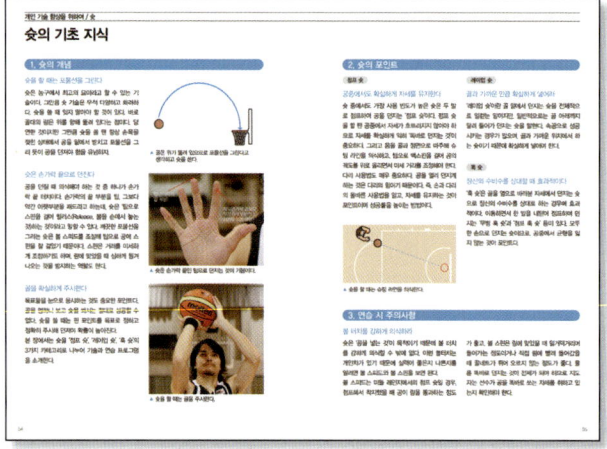

● 〈기술 해설〉 페이지

해당 파트에서 익히고자 하는 기술을 해설한다. 글은 물론이고 사진 안에 표기한 세밀한 포인트도 참고하여 전체적인 신체 사용법을 배우자.

포인트
동작 연습 시 주의할 것을 설명한다.

●〈프로그램〉 페이지
연습 순서를 알려 주고, 사진을 이용해 연습 방법을 설명한다.

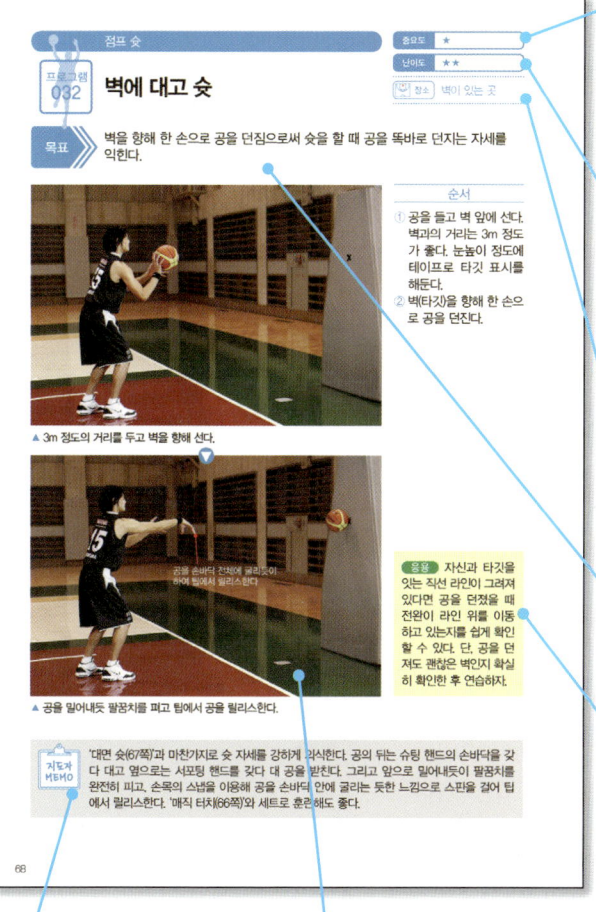

중요도
연습의 중요도를 5단계로 표시한다. 별이 많을수록 중요도가 높다. 연습 시간이 별로 없다면 중요도가 높은 것부터 연습하자.

난이도
연습의 난이도를 5단계로 표시한다. 별이 많을수록 난이도가 높다. 초급자는 난이도가 낮은 것부터 시작해 서서히 단계를 올린다.

장소
연습하는데 필요한 표준 공간이다. 장소에 관한 용어는 16쪽을 참고한다.

목표
해당 연습의 주요 목표를 알린다.

선수에게·응용·NG
- **선수에게** 해당 연습을 할 때 플러스 알파가 되는 요소이다. 선수와 지도자 모두 참고하자.
- **응용** 발전 형태의 연습을 제안한다.
- **NG** 해서는 안 되는 행동을 소개한다.

지도자 메모
해당 연습의 포인트와 주의사항을 정리한다.

사진과 일러스트·순서
연습 방법을 사진과 일러스트로 알기 쉽게 설명한다.

Column About the Basketball

코트에 관한 용어

농구에서는 코트 안의 지역을 아래와 같이 표현한다. 각 연습 프로그램 상단에 표기된 '장소'에 대해서는 이 페이지를 참고하기를 바란다.

베이스라인
코트를 구분하는 골 뒤쪽에 있는 라인. '엔드라인'이라고도 한다.

노차지 세미서클
수비수가 안에 있고, 신체 접촉의 책임이 공격수에게 있더라도 공격수 반칙을 지적하지 않는 지역이다.

페인트 에어리어
골 주변에 설정된 구역. 코트 안의 다른 구역과 다른 색으로 칠하기도 하며 '제한구역'이라고도 한다. 공격수는 이 구역에 3초 이상 머무를 수 없다.

프리스로 라인
자유투 라인. 페인트 에어리어를 둘러싸는 세로 라인이다.

미들 레인지
제한구역에서부터 3점 슛 라인의 안쪽.

뉴트럴 존
프리스로 라인 상의 다른 3지점 보다 큰 사각 부분. 박스 또는 블록 아웃이라고도 한다.

3점 슛 라인
보통은 이 라인 안쪽에서 던진 슛이 들어가면 2점이지만, 이 라인 바깥에서 던진 슛이 들어가면 3점이 된다.

자유투 라인
베이스라인으로부터의 거리는 5.8m. 파울로 방해를 받았을 경우에 주어지는 '자유투'는 이 라인에서 던진다.

센터 서클
코트 중앙의 원. 각 팀의 선수가 한 명씩 이 원 안에 들어오고 주심이 토스 업을 하면 경기가 시작된다.

센터라인
코트의 중앙에 그려진 라인.

가드 포지션
프리스로 라인과 센터라인의 중간 부근. 프리스로 라인보다 약간 바깥쪽의 연장선상 근처 지역. 가드가 2명일 경우 자주 사용되기 때문에 투 가드 포지션이라고도 한다.

하프코트
코트의 절반을 가리킨다.

올코트
코트 전면을 가리킨다.

톱
3점 슛 라인 상의 골 정면 부근 지역. 포인트라고도 한다.

사이드라인
코트를 구분하는 양 사이드 라인.

엘보
하이 포스트 지역 내의 프리스로 라인 끝 부분.

윙
3점 슛 라인 상의 프리스로 라인 연장선상 부근 지역.

코너
3점 슛 라인 상에 위치하며, 백보드에 대해 각도가 나오지 않는 골 측면 지역이다.

쇼트 코너
베이스라인에서 1m, 프리스로 라인에서 1~2m 정도의 지역.

제1장
기본 기술
Basic Technique

농구의 주요 테크닉은 '슛, 드리블, 패스'이다.
주요 테크닉을 제대로 구사하기 위해서는
공을 주고받기 위한 바른 자세와 핸드워크, 풋워크의 기본 기술이 필요하다.
자세가 몸에 익으면 지쳤을 때에도
자세가 흐트러지지 않고 최고의 역량을 발휘할 수 있음을 명심하자!

개인기 향상을 위해 / 기본 기술

기본 기술의 기초 지식

1. 기본 기술의 개념

지친 상태에서도 기본 자세를 갖춘다

본 장에서 다루는 기본 기술이란 '슛, 드리블, 패스' 등 경기에 필요한 주요 테크닉을 익히기 위한 기본을 말한다. 기본 기술을 제대로 훈련하지 않으면 괄목할 만한 성장을 기대할 수 없다.

본 장에서는 '자세', '풋워크', '핸드워크'의 3가지 카테고리로 나누어 기술 해설과 연습 프로그램을 실었다. 어려운 동작은 없다. 예컨대 '기본 자세(20쪽)'의 경우에는 의식만 하면 모든 선수가 할 수 있는 동작이다. 하지만 경기 후반에 체력과 집중력이 떨어지면 성의 없이 대충하게 되기 쉽고, 본래의 실력을 발휘하지 못한다. '기본 자세'를 포함한 모든 테크닉은 그 어떤 상황이 닥치더라도 자동으로 실행되도록 연습을 반복해 몸에 익히도록 하자.

▲ 경기에서는 지쳤을 때도 기본 자세를 취하고 있어야 한다.

2. 기본 기술의 포인트

기본 자세

기본 중의 기본은 '바스켓볼 포지션'이다

농구에서 '기본 자세'란 상황에 따라 빨리 대응하는 데에 가장 효율적인 자세로, 지쳤을 때에도 유지하고 있어야 한다. 발을 어깨너비 정도로 벌리고 무릎을 구부리며 등을 똑바로 펴는 것이 포인트다. 이 자세는 농구의 '기본 자세'라는 점을 강조하여 '바스켓볼 포지션'이라고도 불린다. 바스켓볼 포지션은 공격인지 수비인지에 따라 다리의 폭을 바꾸는 등 약간의 조정이 필요하다. 특히 공격 중에 공을 가지고 있다면 슛, 드리블, 패스의 기본적인 세 동작을 신속하게 이행할 수 있기 때문에 '트리플 스렛 포지션'이라고 한다.

▲ 공을 잡고 있을 때는 '트리플 스렛 포지션'을 취한다.

풋워크

공을 받을 때 스톱에 유의한다

농구에서 풋워크는 무척 중요하다. 앞서 말했듯 경기 중에 한 사람이 공을 가질 수 있는 시간은 대략 4분 정도다. 즉, 공을 가지고 있지 않은 시간이 더 길고, 공을 가지고 있지 않을 때의 동작이 더 중요하다는 말이다. 그래서 반드시 필요한 것이 풋워크 기술이다. 특히 공을 받기 위해 스톱할 때와 턴할 때, 그리고 수비 시의 풋워크는 매우 중요하며 방법도 다양하다. 본 장에서 다루는 스톱과 턴, 수비 시의 풋워크 기술을 철저히 익혀 사용하자.

▲ '점프 스톱'은 양발을 동시에 착지한다.

핸드워크

손으로 공을 정확히 다루어야 실력이 향상된다

축구는 발로 공을 다룬다하여 '킥킹 게임(Kicking game)'이라고 하고, 농구는 손으로 다룬다하여 '볼 핸들링 게임(Ball handling game)'이라고 한다. 즉, 농구에서 슛과 드리블, 패스, 캐치 등의 테크닉을 구사하기 위해서는 생각대로 공을 손으로 다룰 수 있어야 한다는 뜻이다. 이 책에서 소개하는 볼 핸들링을 적극적으로 연습해두길 바란다.

▲ 볼 핸들링은 놀이하듯 연습할 수 있고, 테크닉 향상에도 도움이 된다.

3. 연습 시 주의사항

경기 형식의 연습은 필수다

농구에서 가장 쾌감 있을 때는 바로 슛을 쏠 때이다. 하지만 이런 쾌감을 느끼지 못하고 반복적인 연습만 하다보면 흥미가 떨어지기 마련이다. 선수들이 지루해 하거나 늘어지지 않게 연습할 수 있도록 연구하는 것은 지도자의 몫이다. 기본 기술을 연습한 뒤에는 항상 경기 형식의 연습을 하도록 하자. 선수의 집중력을 유지시키고 경기에서 기본 기술의 중요성을 인식시킬 수 있다.

자세

기본 자세 Basketball position

등을 똑바로 편다

발끝, 무릎, 어깨를 연결한 선이 바닥과 수직이 되도록 한다

턱을 들고 시선은 정면의 먼 곳을 바라본다

공을 잡았을 때
공은 턱과 가슴에 닿을 정도의 위치에서 잡는다

팔꿈치는 약간 바깥으로 벌리고 손가락 끝을 위로 향하게 한다

팔꿈치를 굽히고 손가락 끝을 위로 향하게 한다

무릎을 가볍게 굽힌다

발은 어깨너비 정도로 벌린다

즉시 움직일 수 있도록 발은 어깨너비 정도로 벌린다

이 자세는 모든 테크닉의 기본 자세이다. 공이 오는 방향으로 전후좌우 즉시 움직일 수 있으며, 다리를 어깨너비 정도로 벌려 무릎을 굽히고 등을 똑바로 펴는 것이 포인트다. 팔꿈치는 몸통의 옆쪽에서 굽히고 손가락 끝을 위로 향하게 한다.

공을 잡을 때는 기본 자세를 유지하면서 팔꿈치는 약간 바깥쪽으로 벌리고, 손가락 끝은 위로 향한 채 턱과 가슴에 닿을 정도의 위치에서 잡으면 된다.

자세

기본 자세(수비 시) Basketball position

상대편이 드리블을 할 때
팔꿈치가 무릎 위로 오도록 팔을 내리고 손바닥은 위로 향한다.

손을 어깨와 얼굴 위치 정도로 올린다

등을 똑바로 편다

중심을 더 낮춘다

무릎을 굽혀 중심을 낮춘다

발을 어깨너비보다 더 넓게 벌린다

공격 시의 기본 자세보다 중심을 더 낮춘다

수비 시에는 왼쪽의 기본 자세보다 다리의 폭을 좀 더 넓게 벌려 중심을 낮춘다. 상대의 움직임에 따라 재빨리 이동하기 위함이다. 이 자세에서는 상대의 패스와 슛을 신속하게 막기 위해 얼굴과 어깨 위치로 손을 올리는데, 권투에서 복서가 취하는 자세와 비슷해서 '복서 스탠스'라고도 한다. 공을 잡은 상대가 드리블해 올 때는 팔을 아래로 내리고 손바닥을 위로 향한 채 대응한다.

풋워크

점프 스톱 Jump stop

Step 01 '기본 자세(20쪽)'로 공을 받기 위해 이동한다.

Step 02 공이 오면 타이밍을 계산하여 가볍게 점프한다.

가볍게 점프해 공중에서 공을 받는다

Step 03 공중에서 공을 확실하게 잡는다.

착지했을 때 무릎을 굽혀 스피드를 조절한다

두 발로 착지한다

Step 04 두 발로 착지하여 신속하게 다음 플레이로 연결한다.

가볍게 점프해 두 발로 착지한다

패스는 움직이면서 가볍게 점프해 공중에서 받는 것이 기본이다. 패스를 받는 방법에는 '점프 스톱'과 '스트라이드 스톱' 두 종류가 있다. '점프 스톱'이란 점프 후에 두 발로 착지하는 방법으로 '원 카운트 스톱'이라고 한 다. 어느 쪽 발이든 '피벗(Pivot, 한쪽 다리를 축으로 하여 회전하는 것)'의 축이 될 수 있으므로 이어질 스텝과 턴을 다양하게 할 수 있다. '패스 받는 법(164쪽)'을 참고하여 확실하게 패스를 받을 수 있도록 연습하자.

풋워크

스트라이드 스톱 Stride stop

Step 01 '기본 자세(20쪽)'로 공을 받기 위해 이동한다.

Step 02 공이 오면 타이밍을 계산하여 가볍게 점프한다.

달려오던 힘을 조절하며 가볍게 점프한다

Step 03 공중에서 공을 잡은 후 그대로 한 발로 착지한다.

먼저 바닥에 닿은 발이 피벗 풋이 된다

Step 04 피벗 풋이 바닥에서 떨어지지 않도록 주의하면서 다음 플레이로 연결한다.

달려오던 흐름을 살려 한 발로 착지한다

공을 받을 때의 동작으로, 한 발씩 교대로 착지하는 방법이다. '투 카운트 스톱'이라고도 한다. '스트라이드 스톱'은 달려오던 힘을 조절하여 자연스럽게 공을 받을 수 있으며 먼저 착지한 발이 피벗 풋이 된다. 경기 중에는 '점프 스톱'과 '스트라이드 스톱'을 상황에 맞게 모두 사용할 수 있어야 한다.

풋워크

피벗 Pivot

프런트 턴

Step 01 공을 잡고 '기본 자세(20쪽)'를 취한다.

- 얼굴을 들고 시선은 멀리 본다
- 정면에서 봤을 때 상체가 기울어지지 않도록 수직을 유지한다
- 몸을 돌리려는 방향으로 먼저 시선을 둔다
- 프리 풋(움직이는 발)을 피벗 풋 쪽으로 끌어당겨 회전 반경을 줄인다
- 발뒤꿈치를 살짝 들어 피벗 풋의 무지구(엄지발가락 밑의 볼록한 부분)를 받침점 삼아 회전한다

Step 02 한 발을 축으로 삼고 다른 한 발(프리 풋)을 들어 앞으로 회전한다.

백 턴

Step 01 공을 잡고 '기본 자세(20쪽)'를 취한다.

- 얼굴을 들고 시선은 멀리 본다
- 몸을 돌리려는 방향으로 먼저 시선을 둔다
- 정면에서 봤을 때 상체가 기울어지지 않도록 수직을 유지한다
- 프리 풋을 피벗 풋 쪽으로 끌어당겨 회전 반경을 줄인다
- 발뒤꿈치를 살짝 들어 피벗 풋의 무지구를 받침점으로 삼아 뒤로 회전한다

Step 02 한 발을 축으로 삼고 다른 한 발(프리 풋)을 들어 뒤로 회전한다.

한 발을 축으로 삼아 회전하면서 몸의 방향을 바꾼다

농구는 공을 잡은 채 3보 이상 이동할 수 없다. 그리고 공을 잡았을 때는 한 발을 축으로 삼고 다른 한 발을 움직여 회전하면서 몸의 방향을 바꿔야 하는데, 이 기술을 '피벗'이라고 한다.

피벗은 앞으로 도는 '프런트 턴'과 뒤로 도는 '백 턴'이 있으며, 회전한 후 바로 '기본 자세(20쪽)'를 취하는 것을 염두에 둬야 한다. 회전 각도를 자유자재로 조절해 경기에서 상황에 맞춰 사용할 수 있도록 하자.

핸드워크

공 이동시키기

상하 이동

▲ 공을 잡고 '기본 자세(20쪽)'를 취한다.

무릎을 가볍게 굽히고 중심을 낮춘 상태를 유지한다
▲ 공을 머리 위로 옮긴다.

얼굴을 든 채 공을 옮긴다
▲ 공을 아래로 옮긴다.

좌우 이동

▲ 공을 잡고 '기본 자세(20쪽)'를 취한다.

팔을 다 뻗지 않는다
▲ 공을 왼쪽으로 옮긴다.

공을 몸에서 너무 떼지 말고 허리 높이에서 좌우로 빨리 옮긴다
▲ 공을 오른쪽으로 옮긴다.

중심을 낮춘 채로 몸통 주위로 공을 옮긴다

공은 가슴 앞부분에서 양손으로 잡는 것이 기본이지만 계속 한 위치에만 머무르면 수비수에게 빼앗길 가능성이 높아진다. 이를 방지하기 위해 필요한 것이 '공 이동시키기'이다. 무릎을 가볍게 굽혀 중심을 낮춘 채 신속하게 상하좌우로 바꿔가며 공을 수비수에게 빼앗기지 않을 위치, 다음 플레이로 쉽게 연결할 수 있는 위치로 옮긴다. 좌우 이동 시에는 균형을 잃지 않도록 허리 주변으로 움직인다.

풋워크

슬라이드 스텝 Slide step

Step 01 중심을 낮추고 손을 올려 수비의 '기본 자세(21쪽)'를 취한다.

시선은 앞을 향한다

Step 02 진행 방향 쪽의 발을 옆으로 내딛는다.

손을 올리고 손바닥은 상대를 향한다
이동 방향 쪽 발을 옆으로 내딛는다

Step 03 내딛은 발 쪽으로 중심을 이동시키면서 다른 한 발을 가까이 끌어당긴다.

끌어당기는 발은 어깨너비 정도로

Step 04 원래 자세로 돌아온 후 다시 진행 방향 쪽 발을 옆으로 내딛는다.

이동 중 몸이 가능한 한 상하로 움직이지 않도록 주의한다

바닥을 차면서 옆으로 이동한다

'슬라이드 스텝'은 수비 시 상대의 빠른 단거리 이동에 대응할 때 자주 사용되는 스텝으로 농구에서만 볼 수 있는 독특한 동작이다. 예를 들어 왼쪽으로 슬라이드할 경우 첫 발로 왼발을 움직이게 되는데, 이를 위해서 오른발로 바닥을 차면서 왼발을 먼저 옮긴 후 다시 오른발을 미끄러지듯 끌어당겨 이동했다가 원래 자세로 되돌아오는 것이다. 기본적으로 옆으로 이동할 때 사용하며 두 발이 서로 완전히 닿지 않도록 주의해야 한다.

풋워크

크로스 스텝 Cross step

시선은 앞을 향한다

Step 01 중심을 낮추고 손을 들어 수비의 '기본 자세(21쪽)'를 취한다.

손을 올리고 손바닥은 상대를 향한다

허리를 비틀면서 발을 교차시켜 내딛는다

Step 02 발을 교차시켜 옆으로 내딛는다.

상체는 상대를 향한다

Step 03 다른 한 발을 진행 방향으로 내딛는다.

이동 중 몸이 가능한 한 상하로 움직이지 않도록 주의한다

Step 04 다시 발을 교차시켜 옆으로 내딛는다.

비스듬한 자세로 대시한다

상대의 빠른 드리블과 장거리 이동에 대응할 때 이용된다. 상반신은 공격수를 향하고, 하반신은 진행 방향으로 향한 채 대시(Dash, 빨리 달리기)한다. 비스듬한 자세를 취하기는 하지만 다리의 움직임 자체는 일반적인 대시 자세이므로 몸에 힘을 넣는 등 필요 이상으로 예민해질 필요는 없다.

자세

업 다운 Up down

중요도	★★
난이도	★
장소	어디에서나 가능

목표 농구의 '기본 자세'를 익히기 위한 연습이다. 높은 자세와 낮은 자세를 취한 후 동작을 멈춤으로써 올바른 자세를 자연스럽게 익힐 수 있다.

▲ '기본 자세'를 취한다.

▲ 지도자가 "업!"이라고 말하면 높은 자세를 취한다.

순서

① 선수는 먼저 '기본 자세(20쪽)'를 취한다.
② 지도자가 "업!"이라고 말하면 선수는 높은 자세를 취한다.
③ 지도자가 "다운!"이라고 말하면 선수는 낮은 자세를 취한다.
④ '업과 다운'을 여러 번 반복한 후 지도자가 "하프!"라고 말하면 선수는 다시 '기본 자세(20쪽)'를 취한다.

▲ 지도자가 "다운!"이라고 말하면 낮은 자세를 취한다.

▲ '업과 다운'을 여러 번 반복한 후, 지도자가 "하프!"라고 하면 '기본 자세'를 취한다.

선수에게 연습 중에는 기본 자세를 잘 잡다가도 경기 중 지치게 되면 자세가 흐트러져 장승처럼 우뚝 서 있게 되는 경우가 많다. 본 연습을 통해 기본 자세에 대한 감각을 확실히 익히자.

지도자 MEMO 공을 가지고 있지 않더라도 경기 중에는 항상 기본 자세를 취하고 있어야 한다. 의식하지 않으면 높은 자세가 되기 쉽고, 반대로 지나치게 의식하면 너무 낮은 자세를 취하게 된다. 지도자는 이때 선수에게 "하프!"라고 외쳐 상기시켜 주어야 한다.

자세

무릎 터치 Knee touch

중요도	★★
난이도	★
장소	서클

목표 수비 시 드리블에 대처하는 낮은 자세를 익히기 위한 연습이다. 동료와 즐기면서 연습한다.

▲ 연습하는 선수는 서클 안에서 마주 보고 선다.

순서

① 두 선수가 서클 안에서 공 없이 마주 한다.
② 서로 '기본 자세(21쪽)'를 취한다.
③ 자신의 무릎이 상대방에게 닿지 않도록 조심하면서 상대의 무릎 안쪽을 터치하기 위해 경쟁한다.
④ 한 명이 2회 이상 터치하면 이긴다.

상대의 무릎 안쪽을 터치하는 쪽이 이긴다

▲ 서로 상대의 무릎 안쪽을 터치하기 위해 경쟁한다.

선수에게 본 연습은 수비의 기본 자세를 취한 상태에서 상대의 움직임을 파악할 수 있는 관찰력과 민첩성을 키우는 데에도 도움이 된다. 상대의 움직임을 살펴 정확하고 재빨리 움직일 수 있도록 유의하자.

지도자 MEMO 수비의 기본 자세를 익히는 일은 매우 중요하다. 하지만 자칫 연습이 단조로워질 수 있으니 동료와 함께 '무릎 터치'와 같은 놀이 형식의 연습을 하면 효과적이다. 체력이 된다면 횟수를 늘려 기본 자세를 유지할 수 있도록 훈련하자.

풋워크

프로그램 003 다이아몬드 컷 Diamond cut

중요도	★★
난이도	★
장소	풀코트

 **목표** 농구의 특징은 빠른 대시와 방향 전환을 반복하는 것이다. 스텝 훈련으로 빠르게 방향을 꺾고 민첩하게 움직이는 능력을 향상시킨다.

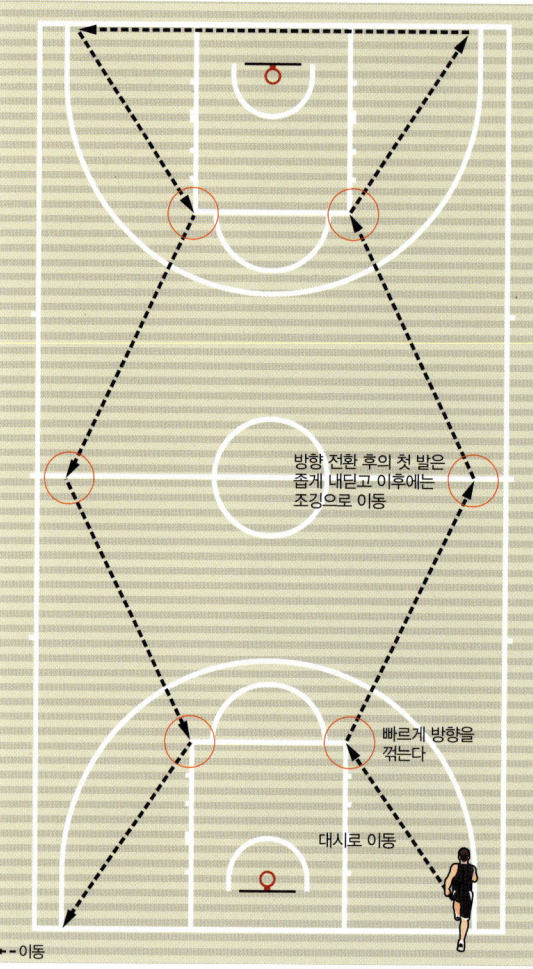

순서

① 그림과 같이 베이스라인 위에 선다.
② 엘보를 향해 빠르게 대시한 후 도착하면 다시 빠르게 방향을 꺾는다. 방향 전환 후의 첫 보폭은 작고 빠르게 내딛고, 이후에는 조깅하며 전진한다. 이 동작을 그림과 같은 경로로 연습한다.

선수에게 빠른 속도로 방향을 전환하기 위한 포인트는 발의 무지구에 힘을 주어 바닥을 차면서 허리, 무릎, 발끝이 진행 방향으로 향하게 하는 것이다. 방향 전환 후의 첫 보폭을 작게 내딛으면 동작이 더 빨라진다.

〈방향을 꺾을 때의 발 진행 방향〉

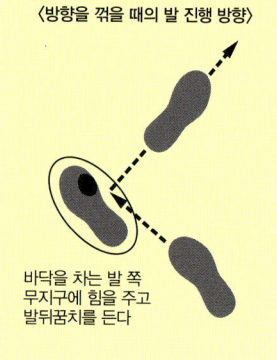

바닥을 차는 발 쪽 무지구에 힘을 주고 발뒤꿈치를 든다

 지도자 MEMO 농구에서 '컷'이란 '움직임'을 말한다. 수비수를 따돌리기 위해서는 빠른 속도로 컷해야 하는데, '다이아몬드 컷' 연습을 반복하면 빠른 컷을 위한 신체 사용법을 익힐 수 있다.

풋워크	중요도 ★★
	난이도 ★

프로그램 004 조그 & 퀵스타트 Jog & Quick start

장소 하프코트

목표 빠른 속도의 방향 전환과 대시를 익히기 위한 연습으로, 여러 명이 동시에 할 수 있다. 워밍업으로도 좋다.

순서

① 선수 4~5명이 하프코트 내에 어느 정도의 거리를 두고 임의의 위치에 선다.
② 지도자의 신호와 함께 작고 빠르게 한 발을 내딛은 후 조깅으로 이동한다.
③ 지도자가 신호를 보내면 빠르게 방향을 바꾼다. 방향 전환 후 ②를 다시 1분 간 반복한다.

 지도자 MEMO '다이아몬드 컷'과 마찬가지로 빠른 방향 전환과 대시를 익히기 위한 훈련이다. 얼굴을 들어 주위를 잘 보고 다른 선수와 부딪히지 않도록 주의하자.

풋워크	중요도 ★★★
	난이도 ★

프로그램 005 조그 & 스톱 Jog & Stop

장소 풀코트

목표 확실하게 정지하는 것도 중요하다. 조깅을 하다가 '점프 스톱'이나 '스트라이드 스톱'으로 확실하게 멈추는 감각을 익힌다.

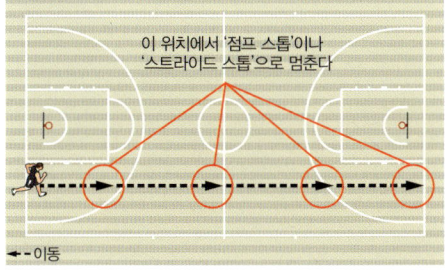

순서

① 베이스라인에서 시작한다. 조깅으로 이동하여 프리스로 라인 위에 도착하면 '점프 스톱(22쪽)' 혹은 '스트라이드 스톱(23쪽)'으로 멈춘다.
② 스톱 후의 첫 발을 작고 빠르게 내딛고 다시 조깅으로 이동한다. 이를 그림의 표시된 위치에서 각각 연습한다.

 지도자 MEMO 확실히 멈추기 위해서는 '점프 스톱'이나 '스트라이드 스톱'으로 멈춘 후 그 자리에서 2~3회 가볍게 무릎을 굽혔다 편 후 '기본 자세(20쪽)'를 취한다.

풋워크

3점 라인 슬라이드

중요도	★★★
난이도	★
장소	하프코트

목표 수비 풋워크의 기본인 '슬라이드 스텝'을 익힌다. 공격수가 눈앞에 있다고 가정하고 골 근처로 가까이 가지 못하도록 막는다는 생각으로 연습하자.

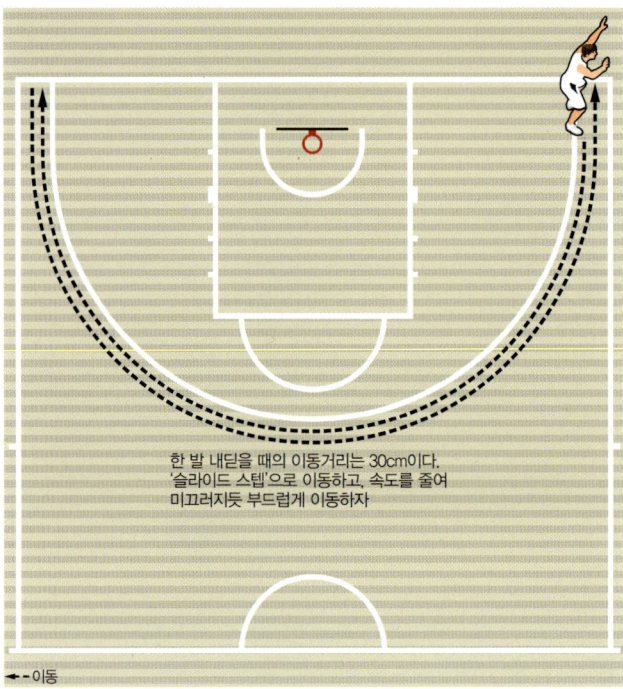

순서

① 코너의 3점 라인 위에서 수비의 '기본 자세(21쪽)'를 취한다.
② 3점 라인을 따라 '슬라이드 스텝(26쪽)'을 밟는다.
③ 반대편 코너까지 갔다가 다시 '슬라이드 스텝'으로 원래의 위치까지 되돌아온다.

한 발 내딛을 때의 이동거리는 30cm이다. '슬라이드 스텝'으로 이동하고, 속도를 줄여 미끄러지듯 부드럽게 이동하자

←-- 이동

지도자 MEMO '슬라이드 스텝(26쪽)'을 연습할 땐 3점 라인을 따라 드리블하는 상대를 막는다고 상상하면 실전에 가깝게 연습할 수 있다. 코너에서 코너를 왕복하는 것은 쉬운 일이 아니다. 하지만 허리의 위치가 높아지지 않는지 계속 확인하도록 한다. 평소에 자주 쓰는 동작이 아니므로 익숙해질 때까지 '퀵, 슬라이드! 퀵, 슬라이드!'라고 마음속으로 외치며 연습에 임하자.

응용 혼자서 '슬라이드 스텝'이 가능해지면 실제로 공격수를 붙여 연습하는 방법도 있다. 3점 라인을 따라 달리는(또는 드리블하는) 선수를 골에 접근하지 못하도록 막기 위해 '슬라이드 스텝'을 밟는 것이다. '골 쪽으로 등을 돌리고 공을 잡은 선수를 눈앞에 두는 것'이 수비의 기본이다.

풋워크

서클 슬라이드 Circle slide

중요도 ★★
난이도 ★

 장소   서클

목표 '슬라이드 스텝'을 익혔다면 짧은 거리의 서클을 이동하며 스피드를 내보자.

순서

① 프리스로 서클이나 센터 서클 라인 위에서 두 사람이 수비의 '기본 자세(21쪽)'를 취한다.
② 동료의 신호와 동시에 서클 라인을 따라 '슬라이드 스텝(26쪽)'을 밟는다.
③ 출발한 위치의 반대편까지 갔다가 원래 위치까지 '슬라이드 스텝'으로 되돌아온다.

▲ 서클 라인 위에 두 사람이 나란히 서서 수비의 '기본 자세'를 취한다.

선수에게 올바른 '슬라이드 스텝'을 밟고 있는지 스스로 확인하고, 마주 보고 스텝을 밟고 있는 상대에게도 눈에 띄는 부분이 있으면 지적해 주자. 서로의 수준을 향상시킬 수 있다.

▲ 라인 위를 '슬라이드 스텝'으로 이동. 반대편까지 갔다가 되돌아온다.

지도자 MEMO   두 사람이 경쟁함으로써 '슬라이드 스텝(26쪽)'의 속도 향상을 꾀할 수 있다. 하지만 너무 서두르면 상하 움직임이 나타나는 등 자세가 흐트러지기 쉬우므로 주의해야 한다. 속도가 빠르더라도 자세가 흐트러지면 경기 중에 상대에게 뒤처질 위험성이 높다.

풋워크 | 중요도 ★★★★
| 난이도 ★

어드밴스 스텝 Advance step

장소 | 어디에서나 가능

목표 '슬라이드 스텝'처럼 발을 교차시키지 않으면서 방향을 앞으로 진행하는 스텝이다. 공을 가진 사람과의 간격을 좁힐 때 사용한다.

순서

① 수비의 '기본 자세(21쪽)'를 취하고 상체를 옆으로 비튼다.
② 진행 방향 쪽의 발(앞발)을 앞으로 내딛는다.
③ 앞발로 중심을 이동시키면서 뒷발을 끌어당긴다.
④ 원래 자세로 돌아온 후 다시 앞발을 앞으로 내딛어 진행한다.

▲ 스텝은 '슬라이드 스텝'과 똑같지만 방향은 앞으로 이동한다.

지도자 MEMO 뒷발을 끌어당길 때 앞발에 완전히 갖다 붙이는 것은 좋지 않다. 어깨 너비 정도의 간격으로 끌어당기는 것이 알맞다.

풋워크 | 중요도 ★★★★
| 난이도 ★

리트리트 스텝 Retreat step

장소 | 어디에서나 가능

목표 '어드밴스 스텝'과 반대로 '리트리트 스텝'은 뒤로 물러나는 스텝이다. 드리블로 전진하려는 공격수를 대처할 때 쓰는 풋워크이다.

순서

① 수비의 '기본 자세(21쪽)'를 취하고 상체를 옆으로 비튼다.
② 진행 방향 쪽 발(뒷발)을 뒤로 내딛는다.
③ 뒷발로 중심을 이동시키면서 앞발을 뒤로 끌어당긴다.

▲ 스텝은 '슬라이드 스텝'과 똑같지만 방향은 뒤로 물러난다.

지도자 MEMO '리트리트 스텝'은 드리블로 앞지르기를 하려는 상대에게 대처할 때 효과적이다. 상대가 공을 가지고 있다면 골 방향으로 물러서면서 상대와의 거리를 두도록 유의한다.

풋워크

박스 슬라이드 Box slide

중요도	★★★★
난이도	★
장소	페인트 에어리어

목표 전후좌우로 움직이는 공격수를 마크할 수 있도록 다양한 스텝을 익힌다. 코트 안의 페인트 에어리어를 이용해 수비 시의 풋워크를 연습하자.

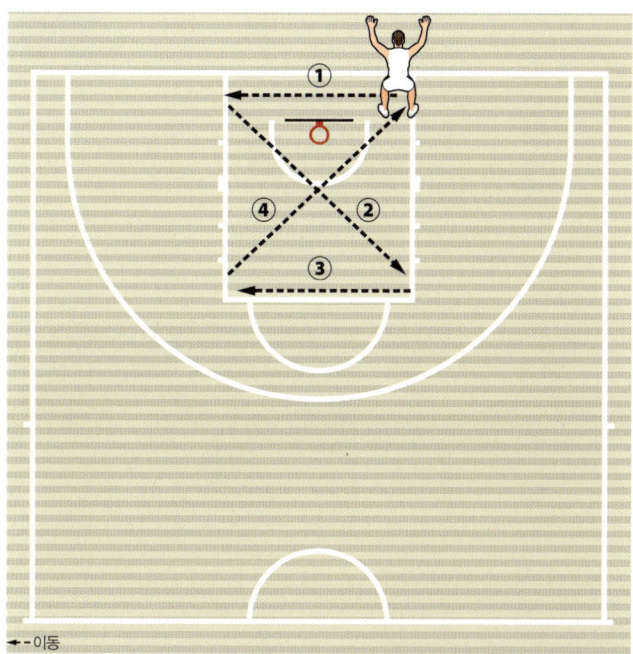

순서

① 페인트 에어리어 끝 부분에서 수비의 '기본 자세(21쪽)'를 취한다.
② 페인트 에어리어 라인을 이용해 ①과 ③은 '슬라이드 스텝(26쪽)'으로, ②는 '리트리트 스텝(34쪽)'으로, ④는 '어드밴스 스텝(34쪽)'으로 이동한다.

▲ 페인트 에어리어 라인 위를 '슬라이드 스텝'으로 이동한다.

▲ 끝 부분에 도착하면 방향을 전환한다.

지도자 MEMO 방향 전환 시 스텝을 빠르고 정확하게 옮기도록 유의하자. 팔을 세차게 휘두르는 동작이 몸의 방향을 바꾸는 방향타가 된다. 또한 스텝 연습에서는 상대와의 간격을 확실히 의식하는 것도 포인트다. 경기 중에는 전후좌우의 움직임에 따라 상대와의 거리가 벌어지거나, 너무 좁아질 수 있으니 각종 스텝을 적절히 사용해 조절하는 것이 중요하다.

풋워크

런 & 글라이드 Run & Glide

중요도 ★★★★
난이도 ★★
장소 풀코트

목표 '슬라이드 스텝'과 '크로스 스텝'을 자연스럽게 번갈아 실시할 수 있도록 한다. 공격수의 스피드에 따라 두 스텝을 잘 선택하자.

스피드를 바꿔가면서 드리블로 진행한다

상대의 스피드에 따라 스텝을 골라 사용한다. 공에 수비 압력이 들어오므로 공을 몸의 정면에 두는 포지션을 취한다

← 이동 ← 드리블

순서

① 드리블하는 선수Ⓐ와 수비수Ⓑ는 베이스라인 위에 선다.
② Ⓐ는 스피드에 변화를 주면서 드리블로 반대쪽 베이스라인까지 곧바로 진행한다.
③ Ⓑ는 '슬라이드 스텝(26쪽)'과 '크로스 스텝(27쪽)'을 사용해 Ⓐ를 항상 자기 앞에 두도록 대응한다.

▲ 상대가 천천히 이동하면 '슬라이드 스텝'으로 대응한다.

▲ 상대가 스피드를 올리면 '크로스 스텝'으로 대응한다.

지도자 MEMO 수비 풋워크의 기본은 '슬라이드 스텝'이지만 상대가 스피드를 올리는데도 계속 슬라이드 스텝을 고수한다면 수비를 할 수 없다. 포인트는 상대가 진행 속도를 바꾸면 풋워크도 전환하는 것이다. 즉, '슬라이드에서 크로스', '크로스에서 슬라이드'로 자연스럽게 스텝을 전환하는 기술이 중요하다.

풋워크

지그재그 더비햇 Zigzag derby hat

중요도 ★★★
난이도 ★★
장소 하프코트

목표 머리 위에 공을 들고 상체의 균형을 유지하면서 '슬라이드 스텝'을 한다. 손을 사용하지 않으므로 발의 움직임에 집중할 수 있다.

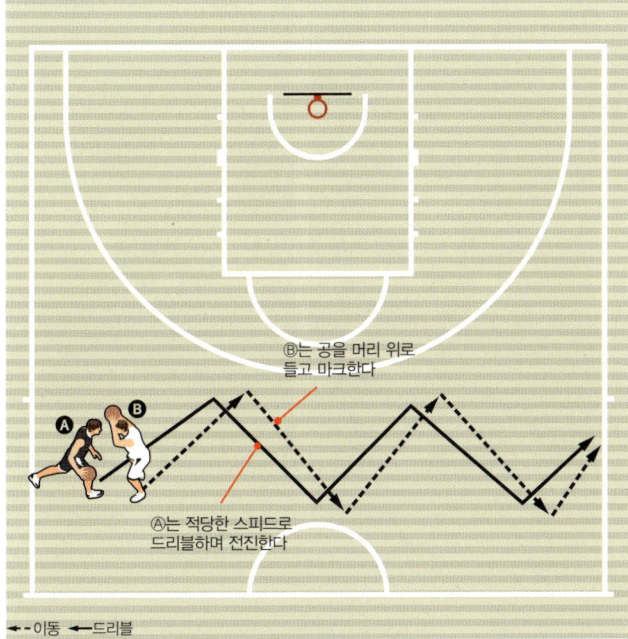

순서

① 드리블하는 선수Ⓐ와 수비수Ⓑ 모두 공을 가지고 사이드라인 부근에 선다.
② Ⓐ는 드리블하면서 전진하고 Ⓑ는 공을 머리 위에 든 채 '슬라이드 스텝(26쪽)'으로 따라붙는다. Ⓑ가 드리블 코스에 들어서면 Ⓐ는 방향을 전환한다.
③ 반대쪽 사이드라인에 도착하면 역할을 바꿔 되돌아온다.

▲ Ⓑ는 공을 머리 위로 들고 Ⓐ를 마크한다.　　▲ Ⓑ가 앞으로 돌아서 들어오면 Ⓐ는 방향을 전환한다.

지도자 MEMO 상체가 기울어지면 반대 방향으로 움직이는 상대에 대한 대응이 늦어지기 마련이다. 이 연습은 상체를 유지한 채 '슬라이드 스텝'을 밟는 것을 익히는 훈련이다. 드리블 하는 선수는 수비수가 전력을 다하지 않으면 따라오지 못할 정도로 스피드를 내자. 익숙해지면 수비수의 스피드 업도 꾀할 수 있을 뿐만 아니라 드리블하는 선수에게도 연습이 된다.

풋워크

90도 프런트 턴

중요도	★★
난이도	★
장소	어디에서나 가능

목표 한쪽 발을 축으로 삼아 몸을 90도 회전시키는 '프런트 턴'을 익힌다. 프리 풋과 피벗 풋의 사용법을 알 수 있다.

프리 풋의 무릎을 피벗 풋으로 끌어당겨 회전 반경을 작게

턴 중이거나 턴한 후에도 머리의 높이가 달라져서는 안 된다

▲ 공을 양손으로 잡고 '기본 자세'를 취한다.

▲ 한쪽 발을 축으로 삼아 몸을 앞으로 회전시킨다.

▲ 90도 턴 후 프리 풋을 바닥에 붙인다.

순서

① 공을 잡고 '기본 자세(20쪽)'를 취한다.
② 한쪽 발을 축으로 삼아 앞으로 회전해 몸의 방향을 90도 바꾼다.

지도자 MEMO '90도 프런트 턴'은 옆에서 오는 패스를 받아 슛을 할 때 자주 사용된다. 피벗 풋(사진에서는 왼발)이 바닥에서 떨어지지 않도록 주의하고, 발뒤꿈치를 살짝 들어 무릎을 회전 방향으로 돌리도록 의식하면서 자연스럽게 몸의 방향을 바꾼다. 시선을 회전 방향으로 돌리고 머리의 높이가 달라지지 않도록 턴하는 것도 포인트다.

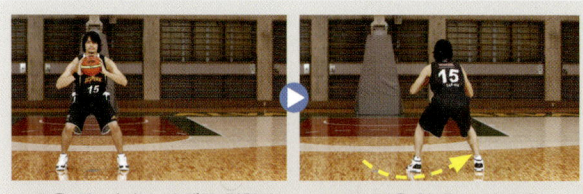

▲ 공을 잡고 '기본 자세'를 취한다.

▲ 180도 턴을 한 후 프리 풋을 바닥에 붙인다.

응용 '90도 프런트 턴'이 익숙해지면 같은 방법으로 '180도 프런트 턴'에도 도전해보자. 머리의 높이가 달라지지 않도록 주의하는 등 포인트는 똑같다.

풋워크

중요도 ★★
난이도 ★★
장소 어디에서나 가능

프로그램 014 270도 프런트 턴

목표 ▶ '90도 프런트 턴'과 같은 방법으로, 회전 각도를 넓힌 턴이다. 턴의 정확도를 높이고 피벗 풋이 바닥에서 떨어지지 않도록 철저히 의식해야 한다. 수비수가 공에 손을 대지 못하도록 볼을 보호할 때 쓰는 기술이다.

▲ 공을 양손으로 잡고 '기본 자세'를 취한다.

발뒤꿈치를 약간 들고 무릎을 회전 방향으로 돌린다

▲ 한쪽 발을 축으로 삼아 몸을 앞으로 회전시킨다.

무지구를 받침점으로 하여 턴한다

프리 풋의 무릎을 피벗 풋 쪽으로 끌어당기면서 회전한다

▲ 턴을 할 때는 최대한 회전 반경을 작게 한다.

턴 중이거나 턴한 후에도 머리의 높이가 달라져서는 안 된다

▲ 270도 턴 후 프리 풋을 바닥에 붙인다.

순서

① 공을 잡고 '기본 자세(20쪽)'를 취한다.
② 한쪽 발을 축으로 삼아 앞으로 회전하면서 몸의 방향을 270도 바꾼다.

지도자 MEMO

포인트는 턴을 할 때 머리가 상하로 움직이지 않는 것이다. 회전 각도가 커질수록 균형이 깨지기 쉬우니, 프리 풋의 무릎을 피벗 풋 쪽으로 끌어당긴 후, 몸을 회전시켜 프리 풋을 내딛는 것이 중요하다. '양 무릎을 모은 후에 회전한다'라고 생각하면 된다. 작게 돌기 위해 의식하는 것도 중요하다. 익숙해지면 '360도 프런트 턴'에도 도전해보자.

풋워크

중요도	★★
난이도	★
장소	어디에서나 가능

프로그램 015 90도 백 턴

목표 '90도 프런트 턴'과 상반되는 연습으로, 한쪽 발을 축으로 삼아 뒤로 회전해 몸의 방향을 바꾸는 테크닉을 익힌다.

프리 풋의 무릎을 피벗 풋 쪽으로 끌어당겨 회전 반경을 작게 한다

턴 중이거나 턴한 후에도 머리의 높이가 달라져서는 안 된다

▲ 공을 양손으로 잡고 '기본 자세'를 취한다.
▲ 한쪽 발을 축으로 삼아 몸을 뒤로 회전시킨다.
▲ 90도 턴 후 프리 풋을 바닥에 붙인다.

순서

① 공을 잡고 '기본 자세(20쪽)'를 취한다.
② 한쪽 발을 축으로 삼아 뒤로 회전해 몸의 방향을 90도 바꾼다.

지도자 MEMO '90도 백 턴'은 등을 돌린 상태에서 수비수로부터 공을 숨길 때 자주 사용된다. 피벗 풋이 바닥에서 떨어지지 않도록 주의하면서 자연스럽게 뒤로 돈다. 포인트는 '프런트 턴'과 마찬가지로 머리의 높이가 달라지지 않도록 주의하는 것이다. 무릎을 붙인다고 생각하고 턴하자.

응용 '90도 백 턴'이 자연스러워지면 '180도 백 턴'에도 도전해 보자.

▲ 공을 잡고 '기본 자세'를 취한다.
▲ 180도 턴 후 다음 프리 풋을 바닥에 붙인다.

풋워크

중요도 ★★
난이도 ★★
장소 어디에서나 가능

270도 백 턴

목표 '90도 백 턴'에서 회전하는 각도를 더 넓혀 자연스럽게 백 턴 할 수 있도록 한다. 균형이 깨지지 않도록 주의하며 최대한 스피드를 실어서 턴하자.

▲ 공을 양손으로 잡고 '기본 자세'를 취한다.

▲ 한쪽 발을 축으로 삼아 몸을 뒤로 회전시킨다.

▲ 턴을 할 때는 최대한 회전 반경을 작게 한다.

▲ 270도 턴 후 프리 풋을 바닥에 붙인다.

순서

① 공을 잡고 '기본 자세(20쪽)'를 취한다.
② 한쪽 발을 축으로 하여 뒤로 회전하면서 몸의 방향을 270도 바꾼다.

지도자 MEMO '프론트 턴'과 마찬가지로 '백 턴'도 프리 풋을 끌어당기듯이 턴한다. 프리 풋이 움직인 궤적이 큰 원을 그리면 잘못된 것이다. 피벗 풋의 발뒤꿈치를 들고 시선은 회전 방향을 향하는 것도 포인트다. 이와 같은 연습은 몸의 균형감각을 강화하는 데에도 도움이 된다.

풋워크

점프 스톱 & 턴 Jump stop & Turn

중요도	★★
난이도	★
장소	하프코트

목표 '프런트 턴'과 '백 턴'을 자연스럽게 할 수 있도록 하는 연습이다. 드리블을 확실하게 멈추고 턴을 한 뒤, 정확한 패스로 연결하는 동작까지를 훈련한다.

▲ 사이드라인 위에 나란히 서서 Ⓐ가 공을 잡는다.

▲ Ⓐ는 드리블하며 앞으로 나가다가 프리스로 라인 위에서 '점프 스톱'을 한다.

▲ '180도 프런트 턴'으로 몸의 방향을 바꾼다.

▲ Ⓐ는 Ⓑ에게 패스한 후 출발 위치인 사이드라인으로 돌아온다.

순서

① 공을 가진 선수Ⓐ와 패스를 받을 선수Ⓑ가 나란히 사이드라인 위에 선다.
② Ⓐ가 드리블하며 앞으로 나가다가 프리스로 라인 위에서 '점프 스톱(22쪽)'을 한다.
③ Ⓐ는 '180도 프런트 턴'을 한 후 Ⓑ에게 패스한다.
④ Ⓐ는 패스한 후 사이드라인으로 돌아오고 Ⓑ는 드리블하며 앞으로 나간다. 이것을 반복한다.

지도자 MEMO '프런트 턴'에서는 무릎 붙이는 것을 의식하면서 균형 잡힌 회전을 하도록 유의하자. 턴한 후의 자세도 중요한 포인트인데, 빨리 패스하기 위해서는 턴한 후에도 정확한 '기본 자세(20쪽)'를 취하고 있어야만 한다.

풋워크		중요도 ★★★★★
		난이도 ★★

셰이빙 Shaving

장소 페인트 에어리어

목표 정확하게 패스를 받아 턴을 한 다음 드리블하고, 드리블을 멈춘 후 다시 확실히 턴해서 패스를 하는 연습이다. 한 발씩 교대로 착지하는 '스트라이드 스톱'으로 실시한다.

▲ Ⓐ와 Ⓑ는 위 사진의 위치에서 시작한다.

▲ Ⓐ는 사선 방향으로 드리블해 나가고 Ⓑ는 프리스로 라인을 향해 달린다.

▲ Ⓐ는 프리스로 라인 위에서 '스트라이드 스톱'으로 멈춘 후 Ⓑ에게 패스한다.

▲ 마찬가지로 Ⓑ는 사선 방향으로 드리블해 나가고 Ⓐ는 프리스로 라인으로 달려 들어간다.

순서

① 공을 가진 선수Ⓐ는 프리스로 라인 위, 패스 받을 선수 Ⓑ는 뉴트럴 존 부근에 선다.
② Ⓐ는 베이스라인 방향으로 비스듬히 드리블해 나가고 Ⓑ는 프리스로 라인 방향으로 달려 들어간다.
③ Ⓐ는 프리스로 라인 근처에서 '스트라이드 스톱(23쪽)'으로 멈춘 후 Ⓑ에게 패스한다.
④ 이번에는 Ⓑ가 베이스라인 방향으로 드리블해 나가고 Ⓐ는 프리스로 라인으로 달린다. 이를 반복한다.

지도자 MEMO 드리블은 바깥쪽 손으로 하고, 멈출 때는 '스트라이드 스톱'을 한다. 패스는 '프런트 턴과 백턴'을 적절히 사용하고, 피벗 풋 역시 좌우 바꿔가며 연습하면 4종류의 턴을 익힐 수 있다.

핸드워크

중요도 ★★
난이도 ★

핑거 컨트롤 Finger control

장소 어디에서나 가능

목표 | 손가락 끝으로 공을 잘 다룰 수 있도록 볼 핸들링 연습을 한다. 공을 많이 접하여 익숙해지는 것이 공을 다루는 플레이의 기본이다.

순서

① 팔을 펴 머리 위에서 공을 잡는다.
② 팔은 움직이지 않은 채 손가락 끝을 이용해 공을 짧은 간격으로 좌우 이동시킨다.

지도자 MEMO 볼 핸들링 연습 중에는 경기에서 잘 사용하지 않는 기술도 있다. 하지만 공을 잘 컨트롤할 수 있어야만 슛과 드리블, 패스 등의 볼 핸들링 기술이 향상되니 꾸준히 하자. 우선은 공에 익숙해지는 것이 급선무다.

▲ 공을 머리 위로 들어 손가락 끝으로 좌우 이동시킨다.

핸드워크

중요도 ★★
난이도 ★

에어 드리블 Air dribble

장소 어디에서나 가능

목표 | '핑거 컨트롤'과 마찬가지로 손가락 끝으로 공을 컨트롤하는 능력을 키우는 것이 목표다. 팔꿈치를 편 채 공을 천천히 상하 이동시키며 볼 핸들링 능력을 향상시킨다.

순서

① 머리 위에서 공을 짧은 간격으로 재빨리 좌우로 이동시킨다.
② 손가락 끝을 이용해 공을 짧은 간격으로 재빨리 좌우 이동시키면서 천천히 아래로 내려온다.
③ 똑같이 짧은 간격으로 재빨리 좌우 이동시키면서 머리 위로 천천히 올린다.

 지도자 MEMO 본 연습은 개인적으로 빈 시간을 활용해 연습하는 것이 좋다. 공이 손가락 끝에 익숙해지도록 공을 좌우로 옮겨보자.

▲ 공을 손가락 끝으로 좌우 이동시키면서 올렸다 내렸다 한다.

핸드워크

프로그램
021

슬랩 Slap

중요도 ★★★
난이도 ★
장소 어디에서나 가능

목표 빠른 패스를 잡아내고, 잡은 공을 확실히 지키려면 강한 손 힘이 필요하다. 공을 잡는 손의 힘을 키우는 기초 훈련이다.

순서
① 가슴 앞에서 공을 잡는다.
② 공을 한 손으로 비스듬히 위로 들어 올린다.
③ 반대편 손에 공을 최대한 강하게 내리치며 캐치한다.
④ 손 방향을 바꿔서 같은 방법으로 훈련한다.

▲ 가슴 앞에서 공을 잡고 선다.
▲ 공을 한 손으로 비스듬히 위로 들어 올린다. 다른 한 손은 바깥으로 벌린다.

NG 공을 내리치는 속도가 느리거나 공을 잡는 손의 다섯손가락이 벌어져 있지 않으면 공을 끌어당겼을 때 '퍽' 하는 소리가 크게 나지 않는다. 또한 공을 양손으로 잡고 있을 때 손가락 끝이 위를 향하지 않거나 손목이 너무 펴져 있을 때도 마찬가지다. 경기에서는 상대가 공을 건드리기만 해도 쉽게 공을 놓칠 수 있다.

▲ 공을 내리쳐 가슴 앞에서 캐치한다.
▲ 반대쪽 손도 같은 훈련을 한다.

지도자 MEMO 좌우 번갈아 20회 정도 실시하면 알맞다. 팔을 확실하게 펴서 공을 손바닥에 갖다 댔을 때 '퍽' 하고 최대한 큰 소리가 나도록 치자. 지도자가 소리를 크게 낼 것을 지시하는 것도 좋은 방법이다. 공을 가슴 앞에서 양손으로 쥐고 있을 때는 손가락 끝이 위를 향하고 있는지 확인하고, 손목을 구부리면 공을 강하게 쥘 수 있다는 것을 유념하자.

핸드워크

리듬 드리블 Rhythm dribble

중요도	★
난이도	★
장소	어디에서나 가능

 목표 허벅다리 아래에서 공을 튕긴 뒤 잡는 연습을 통해 바운드 감각을 키우고, 손을 빠르게 움직이는 법을 익힌다.

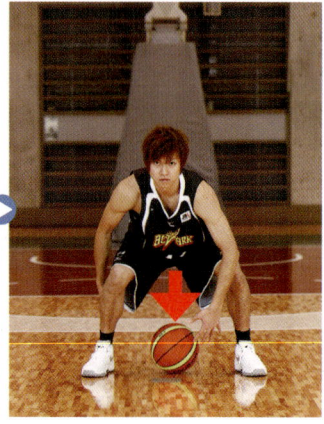

순서
① 발을 어깨너비보다 약간 넓게 벌리고 무릎을 굽혀 공을 허벅다리 아래에 둔다.
② 한 손은 앞으로 하고 다른 한 손은 뒤로 한 채, 공을 원 바운드한다.
③ 손을 바꿔가며 바닥에서 튕겨 올라오는 공을 잡는다.
④ 좌우 교대로 리드미컬하게 실시한다.

▲ 사진과 같은 자세로 공을 잡는다.
▲ 손을 놓아 공을 튕긴다.

▲ 재빨리 손의 위치를 앞뒤로 바꾼다.
▲ 튕겨 오르는 공을 허벅다리 아래에서 잡는다.

선수에게 드리블 시 스피드와 함께 생각해야 할 것이 공을 튕길 때의 자세다. 처음에는 공을 눈으로 볼 수도 있지만 요령을 터득한 후에는 시선을 전방으로 향하고 공을 봐서는 안 된다. 경기 중에 공을 보고 드리블을 하면 주위 상황을 파악할 수 없다.

 지도자 MEMO 최대한 리드미컬하고 빠르게 볼을 컨트롤할 수 있도록 훈련하는 것이 중요하다. 실패해도 상관없으니 스피드를 내는 것에 주력하자. 이를 반복하면 공과 접촉하고, 공을 잡고 튕기는 감각을 익히게 될 것이다.

핸드워크

프로그램 023 **플롭** Flop

중요도 ★
난이도 ★
장소 어디에서나 가능

목표 빠르게 손을 움직이며 손가락 끝으로 공을 컨트롤하는 연습이다. '리듬 드리블'과 똑같은 자세로 연습하지만 공을 튕기지는 않는다.

▲ 사진과 같은 자세로 공을 잡는다.

▲ 가볍게 공을 띄우면서 손을 놓는다.

순서

① 발을 어깨너비보다 약간 넓게 벌리고 무릎을 굽혀 공을 허벅다리 아래에 둔다.
② 한 손은 앞으로 하고 다른 한 손은 뒤로 한 채 공을 잡는다.
③ 공을 재빨리 손에서 놓은 후 양손의 위치를 앞뒤로 바꿔 바닥에 공이 닿기 전에 잡는다.
④ 좌우 교대로 리드미컬하게 실시한다.

▲ 재빨리 손의 위치를 앞뒤로 바꾼다.

▲ 허벅다리 아래에서 공을 잡는다.

응용 볼 핸들링은 놀이처럼 할 수 있는 연습이다. 시간을 재서 1분 간 몇 회가 가능한지 기록을 재보거나 동료와 그 횟수를 경쟁하는 것도 좋은 방법이다.

지도자 MEMO 이와 같은 볼 핸들링 연습을 반복하면 양손을 빠르게 움직일 수 있다. 요령을 터득하면 공을 보지 않고 속도를 높이면서 연습하자. 확실한 동작을 연습하는 것도 중요하지만 어려운 기술에 적극적으로 도전하는 자세도 볼 핸들링 향상에 없어서는 안 될 요소이다.

 핸드워크

중요도 ★
난이도 ★★
장소 어디에서나 가능

플립 Flip

 **목표**
중심을 낮춘 자세로 앞에서 양손으로 공을 쥐고 가볍게 띄워 올린 다음, 뒤로 받는다. '플롭'과 마찬가지로 손가락 끝으로 공을 잡고 재빠르게 손을 움직이는 연습이다.

▲ 사진과 같은 자세로 공을 쥔다.

손은 최대한 빨리 뒤로
▲ 가볍게 공을 뒤로 띄우고 재빨리 손을 뒤로 이동시킨다.

순서

① 발을 어깨너비보다 약간 넓게 벌린 뒤, 무릎을 굽히고 양손으로 공을 쥔다.
② 두 다리 사이로 공을 가볍게 띄운다.
③ 공이 바닥에 닿기 전에 양손을 몸 뒤로 이동시켜 공을 잡는다.
④ 같은 방법으로 공을 띄워 올려 양손을 앞으로 이동시켜 공을 잡는다.

손을 앞으로 이동시켜 잡는다
▲ 무릎 뒤에서 공을 잡는다.

▲ 가볍게 공을 앞으로 띄워 무릎 앞에서 받는다.

선수에게 공을 뒤에서 잡으면 몸이 앞으로 기울어지기 쉽다. 그러므로 무릎 관절을 움직여 리듬감을 주고, 어깨 관절을 유연하게 사용하면서 손을 뒤로 돌리도록 의식하자. 이런 훈련은 올바른 자세로 공을 다룰 수 있게 한다.

 지도자 MEMO
'리듬 드리블(46쪽)'과 '플롭(47쪽)'이 좌우의 손을 교차시켜 무릎 앞뒤로 돌리는 연습인데 반해 '플립'은 양손을 앞뒤로 움직여 공을 컨트롤한다. 손동작을 자유롭게 구사할 수 있도록 만드는 연습이다.

핸드워크

중요도 ★★★
난이도 ★

서클 Circle

장소 어디에서나 가능

목표 공을 돌리는 손의 움직임을 빠르게 만들기 위한 볼 핸들링 연습이다. 목, 허리, 무릎 주위로 공을 이동시키며 손과 팔 사용법을 익힐 수 있다.

▲ 목 주위로 공을 한 바퀴 돌린다.

▲ 허리 주위로 공을 한 바퀴 돌린다.

▲ 무릎 주위로 공을 한 바퀴 돌린다.

▲ 계속해서 반대 방향으로 공을 한 바퀴 돌린다.

▲ 허리 주위로 공을 한 바퀴 돌린다.

▲ 목 주위로 공을 한 바퀴 돌린다.

순서

① 목 주위로 공을 한 바퀴 돌린다.
② 허리 주위로 공을 한 바퀴 돌린다.
③ 무릎 주위로 공을 한 바퀴 돌린다.
④ 위에서 아래로 공을 이동시켰다면, 반대로 무릎과 허리, 목의 순으로 공을 이동시킨다.

지도자 MEMO
공을 손가락 끝으로 컨트롤할 때의 손과 팔 사용법을 파악했다면 이제 속도를 낼 차례다. 바닥에 공을 떨어뜨리더라도 전혀 신경 쓸 필요 없다. 어려운 기술에 도전하는 자세는 볼 핸들링뿐 아니라 모든 기술을 연습하는데 반드시 필요한 정신이다.

핸드워크

8자 돌리기

중요도 ★★★
난이도 ★
장소 어디에서나 가능

목표 두 다리 사이로 공을 '8자' 모양으로 이동시키는 연습이다. 공을 빠르게 컨트롤하는 능력을 키울 수 있다. 무릎 사용법에도 신경 쓰자.

순서

① 두 발을 어깨너비보다 약간 넓게 벌리고 무릎을 굽힌다.
② 한 손으로 공을 잡고 무릎 앞에서 반대쪽 다리의 무릎 뒤로 공을 보낸다.
③ 공을 받은 후 무릎 바깥에서 앞쪽으로 옮긴다.
④ 앞에서 뒤로 공을 옮기기를 반복하며 공으로 8자를 그리듯이 돌린다.

▲ 한 손으로 공을 잡고 허벅다리 밑을 통과하듯이 이동시킨다.

▲ 반대쪽 손으로 공을 받아 무릎의 바깥에서 앞으로 옮긴다.

▲ 허벅다리 밑을 통과하듯이 앞에서 뒤로 이동시킨다.

공을 최대한 빨리 이동시킨다

▲ 반대쪽 손으로 공을 받아 다시 무릎의 바깥에서 앞으로 옮긴다.

8자를 그리듯이 이동시킨다

응용 공을 무릎 앞에서 뒤로 옮기는 연습과 함께 반대 방향인 무릎 뒤에서 앞으로 옮기는 연습도 하자. 전신을 움직이면서 자유롭게 공을 이동시킬 수 있게 되면 볼 핸들링 실력이 훨씬 좋아진다.

지도자 MEMO 이 볼 핸들링은 경기 중에 사용되기도 한다. 예컨대 두 다리 사이에 공을 가지고 있을 때 수비수가 손을 뻗는 순간, 공을 무릎 뒤로 숨기고 그대로 드리블 등의 플레이로 전환하는 것이다. 공을 이동시킬 때는 무릎을 유연하게 쓰고 전신을 사용하도록 의식하는 것도 중요하다.

핸드워크

중요도	★
난이도	★★★★
장소	어디에서나 가능

퀵 핸드 Quick hand

목표 손을 빨리 움직이는 연습이다. 공이 떨어지기 전에 빨리 손바닥을 치고, 원래 위치로 되돌아오도록 한다.

▲ 위의 사진과 같은 자세로 공을 허벅다리 밑에서 쥔다.

▲ 공을 가볍게 위로 띄운다.

순서

① 두 발을 앞뒤로 벌려 앞다리의 무릎은 거의 직각으로 굽히고 뒷다리는 뻗는다.
② 공을 다리 사이에서 양손으로 쥔다.
③ 공을 가볍게 위로 띄우고 재빨리 몸의 앞쪽에서 손바닥을 친다.
④ 공이 바닥에 닿기 전에 잡는다.

▲ 재빨리 몸 앞쪽에서 손바닥을 친다.

▲ 즉시 양손을 원위치시켜 공이 바닥에 닿기 전에 잡는다.

응용 이와 같은 볼 핸들링 연습은 '코디네이션'과도 통하는 부분이 있다. 코디네이션이란 판단과 동작을 연동시켜 몸을 컨트롤하는 능력인데, 이를 혼합하면 볼 핸들링 실력이 향상된다. 제8장(222쪽)에서 자세히 다루겠다.

지도자 MEMO 연습 수준을 높이면 누구나 처음에는 실패하는 법이다. 하지만 포기하지 말고 여러 번 반복하면 요령이 생긴다. 해냈을 때의 기쁨과 함께 더 어려운 연습에도 도전하는 자세를 가지자.

핸드워크

중요도	★★★★★
난이도	★★
장소	어디에서나 가능

플릭 Flick

목표 공 없이 손목 사용법을 익히는 연습이다. 드리블과 슛 동작을 가정하여 손등을 위로 들어 올려 전완(前腕, 팔꿈치에서 팔목까지의 부분) 근육의 사용법을 익히도록 한다.

순서

① 무릎을 가볍게 굽혀 중심을 낮추고 전완과 바닥이 수평이 되도록 한다.
② 손목의 힘을 뺀 상태에서 손목을 강하게 들어 올린다.
③ 팔꿈치를 어깨 정도까지 올리고 손목에 힘을 뺀다.
④ 손목을 다시 강하게 들어 올린다.

▲ 전완이 바닥과 평행이 되도록 팔꿈치를 구부린다.

용수철이 튀는 느낌으로 빠르게 들어 올린다

▲ 손목을 세게 들어 올린다.

▲ 팔꿈치를 어깨 높이까지 올려 전완을 수직으로 세우고, 손목을 내린다.

용수철이 튀는 느낌으로 빠르게 들어 올린다

▲ 다시 손목을 세게 들어 올린다.

선수에게 공을 사용하지 않으므로 집에서도 할 수 있다. 실력은 팀 연습만으로 키울 수 있는 것이 아니다. 개인 시간을 활용해 틈틈이 배운 것을 연습하도록 하자.

지도자 MEMO 슛의 기본 동작이기도 하니 반복적으로 연습한다. 손목에 힘을 뺀 상태에서 용수철이 튀는 느낌으로 손목을 들어 올리는 동작에 집중하자. 그러면 손목이 움직이는 범위가 넓어지고 스냅이 강해진다.

제2장
슛
Shoot

농구는 득점을 다투는 스포츠다.
그러므로 농구에서 중요한 기술은 슛을 잘 쏘는 것임을 잊지 말자.
슛의 포인트는 손가락 끝에서 링으로 곧장 공을 날리는 것이다.
손가락을 미세하게 조정하는 방법을 익히고, 골을 넣는 순간의 쾌감을 맛보자!

개인 기술 향상을 위하여 / 슛

슛의 기초 지식

1. 슛의 개념

슛을 할 때는 포물선을 그린다

슛은 농구에서 최고의 묘미라고 할 수 있는 기술이다. 그만큼 슛 기술은 무척 다양하고 화려하다. 슛을 쏠 때 잊지 말아야 할 것이 있다. 바로 골대의 링은 위를 향해 뚫려 있다는 점이다. 당연한 것이지만 그만큼 슛을 쏠 땐 항상 손목을 젖힌 상태에서 공을 밑에서 받치고 포물선을 그리 듯이 공을 던져야 함을 유념하자.

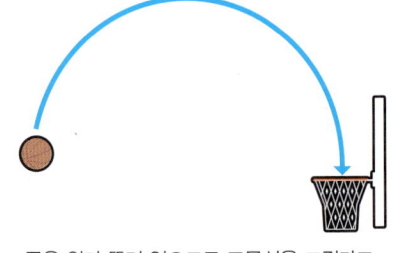

▲ 골은 위가 뚫려 있으므로 포물선을 그린다고 생각하고 슛을 쏜다.

슛은 손가락 끝으로 던진다

공을 던질 때 의식해야 하는 것 중 하나가 손가락 끝 터치이다. 손가락의 끝 부분을 팁, 그보다 약간 아랫부분을 패드라고 하는데, 슛은 '팁으로 스핀을 걸어 릴리스(Release, 볼을 손에서 놓는 것)하는 것'이라고 말할 수 있다. 깨끗한 포물선을 그리는 슛은 볼 스피드를 조절해 팁으로 공에 스핀을 잘 걸었기 때문이다. 스핀은 거리를 미세하게 조정하기도 하며, 링에 맞았을 때 심하게 튕겨 나오는 것을 방지하는 역할도 한다.

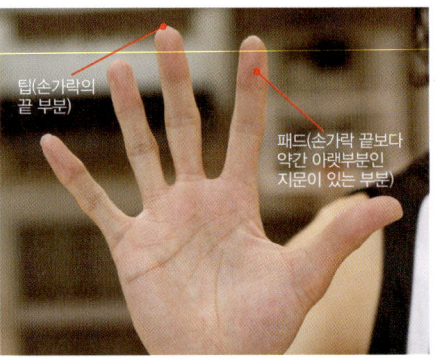

▲ 슛은 손가락 끝인 팁으로 던지는 것이 기본이다.

골을 확실하게 주시한다

목표물을 눈으로 응시하는 것도 중요한 포인트다. 골을 멍하니 보고 슛을 쏴서는 절대로 성공할 수 없다. 슛을 쏠 때는 핀 포인트를 목표로 정하고 정확히 주시해 던져야 확률이 높아진다.
본 장에서는 슛을 '점프 슛', '레이업 슛', '훅 슛'의 3가지 카테고리로 나누어 기술과 연습 프로그램을 소개한다.

▲ 슛을 할 때는 골을 주시한다.

2. 슛의 포인트

점프 슛

공중에서도 확실하게 자세를 유지한다

슛 중에서도 가장 사용 빈도가 높은 슛은 두 발로 점프하여 공을 던지는 '점프 슛'이다. 점프 슛을 할 땐 공중에서 자세가 흐트러지지 않아야 하므로 자세를 확실하게 익혀 '똑바로 던지는 것'이 중요하다. 그리고 몸을 골과 정면으로 마주해 슈팅 라인을 의식하고, 팁으로 백스핀을 걸어 공의 궤도를 위로 올리면서 미세 거리를 조정해야 한다. 다리 사용법도 매우 중요하다. 공을 멀리 던지게 하는 것은 다리의 힘이기 때문이다. 즉, 손과 다리의 올바른 사용법을 알고, 자세를 유지하는 것이 포인트이며 성공률을 높이는 방법이다.

레이업 슛

골과 가까운 만큼 확실하게 넣어라

'레이업 슛'이란 골 밑에서 던지는 슛을 전체적으로 일컫는 말이지만, 일반적으로는 골 아래까지 달려 들어가 던지는 슛을 말한다. 속공으로 성공시키는 경우가 많으며, 골과 가까운 위치에서 하는 슛이기 때문에 확실하게 넣어야 한다.

훅 슛

장신의 수비수를 상대할 때 효과적이다

'훅 슛'은 골을 옆으로 바라본 자세에서 던지는 슛으로 장신의 수비수를 상대로 하는 경우에 효과적이다. 이동하면서 한 발을 내딛어 점프하며 던지는 '무빙 훅 슛'과 '점프 훅 슛' 등이 있다. 모두 한 손으로 던지는 슛이므로, 공중에서 균형을 잃지 않는 것이 포인트다.

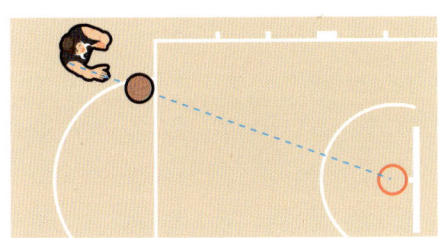

▲ 슛을 할 때는 슈팅 라인을 의식한다.

3. 연습 시 주의사항

볼 터치를 강하게 의식하라

슛은 '공을 넣는 것'이 목적이기 때문에 볼 터치를 강하게 의식할 수 밖에 없다. 이런 볼터치는 개인차가 있기 때문에 실력이 좋은지 나쁜지를 알려면 볼 스피드와 볼 스핀을 보면 된다.
볼 스피드는 미들 레인지에서의 점프 슛일 경우, 점프해서 착지했을 때 공이 링을 통과하는 정도가 좋고, 볼 스핀은 링에 맞았을 때 덜거덕거리며 들어가는 정도이거나 직접 링에 빨려 들어갔을 때 골네트가 튀어 오르지 않는 정도가 좋다. 물론 똑바로 던지는 것이 전제가 되야 하므로 지도자는 선수가 공을 똑바로 쏘는 자세를 취하고 있는지 확인해야 한다.

점프 숏

점프 숏 Jump shoot

두 눈으로 골을 주시한다

공을 가슴 앞에서 쥔다

점프에 대비해 무릎을 가볍게 굽히고 앞으로 숙인 자세를 취한다

슈팅 풋의 발가락 끝을 골 방향에 두고, 골을 정면으로 본다

Step 01 공을 가슴 앞에서 쥐고 가볍게 앞으로 숙인 자세를 취한다.

손목과 팔꿈치는 모두 L자가 되도록 구부린다

서포팅 핸드는 공에 갖다 대기만 한다

공으로 시야를 가리지 않도록 한다

슈팅 핸드의 팔꿈치는 바깥쪽으로 벌어지지 않도록 하고 상완이 슈팅 라인 위에 오도록 의식한다

Step 02 공을 이마 부근으로 들어 올리고 수직으로 점프한다.

슈팅 라인을 의식하며 똑바로 날린다

'점프 숏'은 사용 빈도가 높은 만큼 개념과 지도법 또한 다양하다. 하지만 공통적으로 중요시하는 것이 바로 '공을 똑바로 던지는 것'이다.

슈팅 라인을 의식해 숏이 좌우로 흔들리지 않도록 하고, 숏의 성공 여부에 큰 영향을 미치는 거리감은 선수의 감각에 의존할 수밖에 없으므로 선수 스스로 철저히 연습하자.

팔꿈치를 편 후 손목의 스냅을 이용해 백스핀을 걸어 슛을 쏜다

점프의 정점에 달하기 직전에 공을 손에서 놓는다

팔꿈치를 펴는 속도는 슛 거리와 상관없이 일정하게 하는 것이 기본이다

수직으로 점프한다

Step 03 점프의 정점에 달하기 직전에 공을 릴리스한다.

공이나 몸을 뒤로 젖히지 말고 던진다

공이 네트를 통과할 때까지 슈팅 핸드를 내리지 않는다

점프한 지점에 착지한다

Step 04 점프한 지점에 그대로 착지한다.

> **지도자 MEMO**
> 공을 똑바로 던지더라도 직경 45cm의 링에 골을 넣기란 매우 어렵다. 슛 거리는 팁으로 공에 스핀을 걸어 조정하는데, 공이 멀리 날아가도록 하기 위해서는 점프력(다리 힘)이 좋아야 한다. 그러므로 슛 자세에 들어가면 제대로 점프할 수 있도록 무릎과 허리를 굽혀 가볍게 앞으로 기울인 자세를 취해야 한다.

투 핸드 슛 Two hands shoot

슈팅 라인은 코끝과 골의 중앙을 이은 선이다

손목을 구부려 공을 잡는다

양손의 손가락 끝은 위를 향하도록 한다

양 발끝은 골을 향한다

Step 01 공을 양손으로 가슴 앞에서 쥐고 골을 주시한다.

공과 몸을 뒤로 젖히지 않는다

Step 02 그대로 양손으로 공을 들어 올린다.

전완을 비틀어 백스핀을 건다

'투 핸드 슛'이란 말 그대로 양손으로 던지는 슛을 말하며, 주로 여자 선수들이 많이 던진다. 점프 슛과 마찬가지로 공을 똑바로 던지는 것이 중요하며, 이를 위해서는 슈팅 라인을 의식하면서 골을 정면으로 보는 자세를 취해야 한다. 전완을 비틀면서 팁을 릴리스하여 확실하게 백스핀이 들어가도록 연습하자.

공에 백스핀을 건다

공의 중심을 골 중앙을 향해 밀어내는 느낌으로 두 검지의 끝으로 던진다

팔로스루는 양 손등이 마주 보는 모습이 된다

공이 네트를 통과할 때까지 팔로스루를 유지한다

Step 03 동작을 멈추지 말고 연결된 동작으로 공을 던진다.

Step 04 슛 후에도 팔로스루(Follow through, 공을 던진 다음 팔을 던진 방향으로 쭉 뻗는 자세)를 유지한다.

지도자 MEMO

여자 선수의 경우 슛을 할 때 무릎이 심하게 굽는 경우가 있다. 이럴 땐 평소에 줄넘기를 하면 효과적이다. 슛을 떠나서 좋은 선수가 되려면 체간(몸의 줄기가 되는 배 주변)도 강해야 하므로 줄넘기는 효과적인 운동이다. 유소년도 마찬가지이다.

▶ 여자 선수도 체간을 훈련할 필요가 있다.

레이업 슛
레이업 슛 Layup shoot

Step 01 달려온 기세 그대로 첫 발의 스텝을 밟는다.

공을 확실하게 잡는다

Step 02 공을 양손으로 쥔 채 두 번째 스텝을 밟는다.

최대한 위로 높이 뛰어올라 던진다

'레이업 슛'이란 골 밑에서 던지는 슛을 말하며, 힘차게 골대 밑까지 달려 들어가 좌우 스텝을 교대(러닝 스텝)로 밟아 점프해 공을 넣는다. 최대한 높이 점프를 하고, 허리를 움직인다는 생각으로 공에 스핀을 걸어 릴리스하는 것이 기본이다.

공중에서도 자세가 흐트러지지 않도록 주의한다

공은 밑에서부터 들어 올리듯이 옮긴다

허벅다리와 바닥이 평행이 되도록 높이 들어 올린다

스텝을 밟은 발

Step 03 링에서 눈을 떼지 않고 주시하면서 공을 들어 올린다.

공에 스핀을 걸어 팁에서 릴리스한다

골 밑을 툭하 빠져 나가는 듯한 점프는 하지 말 것. 연습 중에는 네트를 통과한 공을 잡는다는 느낌으로 훈련한다.

허리를 위쪽으로 움직이도록 의식한다

Step 04 점프의 정점에서 스핀을 걸어 공을 손에서 놓는다.

> **지도자 MEMO**
> '레이업 슛'의 경우 백보드를 이용하지 않고 공을 직접 넣을 수도 있지만, 우선은 확실하게 공을 넣기 위해 보드를 이용한 슛을 연습하자. 포인트는 스핀을 거는 것과 공을 윈도우(보드에 그려진 사각형)의 세로선에 맞추는 것이다.
>
> ▶ 백보드를 이용하는 경우에는 그려진 세로선을 이용한다.

왼쪽에서 던지는 경우 기준이 되는 라인   오른쪽에서 던지는 경우 기준이 되는 라인

훅 슛

무빙 훅 슛 Moving hook shoot

시선은 골을 향한다

공을 확실하게 잡는다

Step 01 달려온 기세를 이용해 첫 발의 스텝을 밟는다.

Step 02 두 번째 스텝을 그대로 리드미컬하게 내딛는다.

장신의 수비수를 상대할 때 효과적인 측면 슛이다

'훅 슛'이란 골을 측면으로 바라보는 자세에서 던지는 슛을 말한다. 골대 근처에서 이루어지는데다가, 한 손으로 볼을 컨트롤할 수 있어 경기 중 사용 빈도가 높다. 그리고 어깨를 많이 쓰기 때문에 장신의 수비수를 상대할 경우 효과적이다. 훅 슛 중, '무빙 훅 슛'은 달려 들어와 한 발로 바닥을 차며 행하는 슛으로, 슛을 쏘지 않는 손은 바닥과 평행이 될 정도로 높이 끌어올려 공중에서의 균형을 유지하는 데 사용한다.

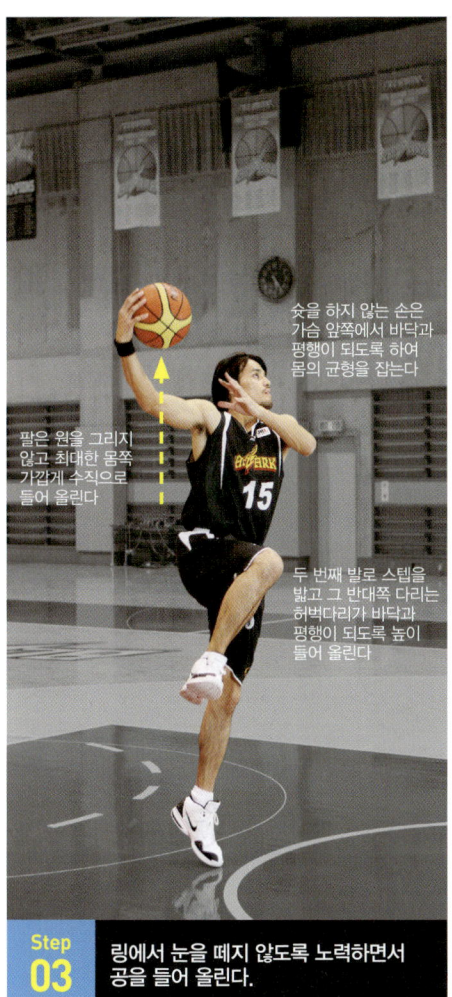

팔은 원을 그리지 않고 최대한 몸쪽 가깝게 수직으로 들어 올린다

슛을 하지 않는 손은 가슴 앞쪽에서 바닥과 평행이 되도록 하여 몸의 균형을 잡는다

두 번째 발로 스텝을 밟고 그 반대쪽 다리는 허벅다리가 바닥과 평행이 되도록 높이 들어 올린다

Step 03 링에서 눈을 떼지 않도록 노력하면서 공을 들어 올린다.

공에 백스핀을 걸어 릴리스한다

수직으로 팔꿈치를 뻗은 상태에서 손목의 스냅을 이용해 슛한다(상완이 귀에 닿을 것 같은 느낌으로)

몸을 자연스럽게 회전시키며 던진다

Step 04 점프의 정점에서 백스핀을 걸어 공을 릴리스한다.

 지도자 MEMO '무빙 훅 슛'은 높이 점프한 상태에서 상체를 살짝 회전시키며 던진다. 이 동작을 제대로 했는지를 확인하려면 착지 후 두 발끝이 골 방향을 향하고 있는 지를 확인하면 된다. 착지 후에 몸의 방향이 전방으로 쏠리지 않고 확실하게 자세를 유지하고 있는지 체크하자.

▶ 착지 시에는 발끝이 골 방향으로 향하게 된다.

 훅 슛

점프 훅 슛 Jump hook shoot

슈팅 핸드의 반대편 어깨(골과 가까운 쪽 어깨)가 링의 중앙을 가리키도록 자세를 취한다

Step 01 몸의 측면이 골을 향하도록 자세를 취한다.

팔을 최대한 수직으로 들어 올린다

Step 02 점프를 위해 중심을 낮추면서 공을 수직으로 들어 올린다.

슛을 할 땐 팔을 수직으로 들어 올린다

'점프 훅 슛'은 골의 측면에서 던지지만, 달려 들어가는 것이 아니라 그 자리에서 두 발로 바닥을 차고 수직 점프를 해서 슛을 쏜다. 주로 골 밑에서 사용하며 키가 큰 수비수에게도 쉽게 블록 아웃당하지 않으므로 잘 사용하면 좋은 무기가 된다. 팔이 원을 그리며 공을 들어 올리면 상체의 균형이 깨지기 쉬우므로 수직으로 들어 올리도록 집중하자.

공에 백스핀을 걸어
팁에서 릴리스한다

수직으로 점프한다

Step 03 점프를 하면서 공을 쥔 팔의 팔꿈치를 편다.

Step 04 손바닥 안에서 공을 굴리듯이 백스핀을 걸어 팁에서 릴리스한다.

지도자 MEMO

'점프 훅 슛'은 슛을 할 때 몸의 측면이 골을 향하게 된다. 이는 어깨를 이용해 자기를 마크하고 있는 수비수로부터 최대한 먼 위치로 공을 보호하고 슛으로 연결시키기 위해서다. '무빙 훅 슛'이 몸을 회전시켜 공을 던지는데 반해 '점프 훅 슛'은 수직으로 점프하고 그 자세를 그대로 유지하며 착지한다.

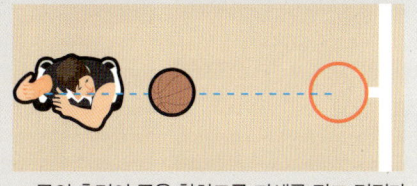

▲ 몸의 측면이 골을 향하도록 자세를 잡고 던진다.

점프 슛	중요도 ★
	난이도 ★

볼 릴리스 Ball release

프로그램 029

목표 '점프 슛'을 할 때 공 잡는 법을 확인한다. 잘 쓰는 손을 공에서 떼면 다른 한 손이 어떤 상태였는지 알 수 있다.

장소 어디에서나 가능

순서

① 몸 앞쪽에서 '점프 슛(56쪽)'을 할 때와 같은 자세로 공을 잡는다.
② 잘 쓰는 손을 뗄 때 공이 그대로 떨어지는지 확인한다.

지도자 MEMO 잘 쓰는 손을 공에서 뗐을 때 자연스럽게 공이 바닥에 떨어지면 OK. 하지만 제대로 떨어지지 않는다면 공에 붙이고 있는 반대편 손의 새끼손가락과 약지가 공이 날아가는 방향에 있다는 말이다. 이는 슛에 방해가 될 뿐더러 백스핀을 넣기도 어렵다.

▲ 슛 자세에서 잘 쓰는 손을 공에서 뗐을 때 공이 자연스럽게 바닥에 떨어지면 OK.

점프 슛	중요도 ★★
	난이도 ★★

매직 터치 Magic touch

프로그램 030

장소 어디에서나 가능

목표 슛한 공에 백스핀이 걸려 있는지를 확인한다. 중지와 검지의 팁에서 릴리스하는 슛을 습관화하자.

순서

① 공을 들고 '점프 슛(56쪽)' 자세를 취한다.
② 골을 향해 슛하는 느낌으로 공을 손에서 놓되, 머리 위 수직으로 던져 백스핀이 걸렸는지 확인한다.

지도자 MEMO 손가락 끝이 골(정면)을 가리키면서 공을 머리 위 수직으로 올리기 위해서는 팁에서 공을 릴리스해야 한다. '점프 슛'에서 가장 중요한 감각이다.

▲ 제자리에서 슛하는 느낌으로 공을 던져 공의 스핀을 확인한다.

점프 슛

프로그램 031 대면 슛

중요도 ★★
난이도 ★★
장소 어디에서나 가능

목표 골을 향해 공을 던지는 자세가 바른지를 확인한다. 전완과 상완, 스냅을 활용한 손의 움직임을 익힐 수 있다.

프리스로 라인을 슈팅 라인으로 삼는다

▲ 프리스로 라인 위를 공이 똑바로 왔다 갔다 하는지 확인하면서 연습한다.

공을 손바닥 전체에 굴리듯이 하여 팁에서 릴리스한다

▲ 상대를 겨냥하여 '점프 슛' 요령으로 공을 던진다.

순서

① 두 선수가 프로스로 라인의 끝과 끝에 선다(약 4m).
② 한 손을 이용해 공과 라인이 평행이 되도록 똑바로 공을 주고받는다.

지도자 MEMO 오른손잡이일 경우 오른발의 엄지발가락과 집게발가락 사이에 라인이 오도록 선 다음, 오른쪽 무릎과 허리, 어깨, 팔꿈치, 손목이 일직선상에 위치하도록 자세를 취한다. 그 자세에서 손목을 굽혀 공의 뒤쪽에 손바닥을 갖다 대고 손가락 끝을 위로 향하게 하여 손바닥 전체로 공을 밀어내듯이 릴리스한다. 또한 릴리스 후에는 손가락 끝이 상대를 가리키도록 유의하자.

응용 상대의 동작을 익힌 후에는 오른쪽 사진과 같이 좀 더 높은 포물선을 그리듯이 공을 던지면 실제 경기와 더 가까운 형태가 된다. 팁에서 공을 릴리스하는 법을 조절해 공이 높은 포물선을 그리게 하자.

공이 더 높은 포물선을 그리도록 릴리스한다

점프 슛

프로그램 032 월 슛 Wall shoot

중요도 ★
난이도 ★★
장소 벽이 있는 곳

목표 벽을 향해 한 손으로 공을 던짐으로써 슛을 할 때 공을 똑바로 던지는 자세를 익힌다.

▲ 3m 정도의 거리를 두고 벽을 향해 선다.

순서

① 공을 들고 벽 앞에 선다. 벽과의 거리는 3m 정도가 좋다. 눈높이 정도에 테이프로 타깃 표시를 해둔다.
② 벽(타깃)을 향해 한 손으로 공을 던진다.

공을 손바닥 전체에 굴리듯이 하여 팁에서 릴리스한다.

▲ 공을 밀어내듯 팔꿈치를 펴고 팁에서 공을 릴리스한다.

응용 자신과 타깃을 잇는 직선 라인이 그려져 있다면 공을 던졌을 때 전완이 라인 위를 이동하고 있는지를 쉽게 확인할 수 있다. 단, 공을 던져도 괜찮은 벽인지 확실히 확인한 후 연습하자.

지도자 MEMO '대면 슛(67쪽)'과 마찬가지로 슛 자세를 강하게 의식한다. 공의 뒤는 슈팅 핸드의 손바닥을 갖다 대고 옆으로는 서포팅 핸드를 갖다 대 공을 받친다. 그리고 앞으로 밀어내듯이 팔꿈치를 완전히 피고, 손목의 스냅을 이용해 공을 손바닥 안에 굴리는 듯한 느낌으로 스핀을 걸어 팁에서 릴리스한다. '매직 터치(66쪽)'와 세트로 훈련해도 좋다.

 점프 슛

중요도	★★★
난이도	★★★
장소	페인트 에어리어

프로그램
033

자유투

목표 실제 자유투를 던져 정확도를 높이자. 공을 잡아서 슛을 할 때까지의 순서를 일정하게 실시한다.

▲ 공을 잡고 프리스로 라인에 선다.

서포팅 핸드는 갖다 대기만 한다
골을 주시한다
▲ 공을 수직으로 들어 올린다.

순서

① 공을 잡고 프리스로 라인에 선다.
② 공을 이마 주변에 세팅한다.
③ 한 손으로 슛한다.

선수에게 자유투는 자신의 리듬에 맞춰 던져야 성공률이 높아진다. 그러므로 던질 때까지의 순서를 일정하게 만들어야 한다. 예컨대 '바닥에 공을 2회 친 후 슛'을 하거나 '백스핀을 걸어 튕겨 돌아온 공을 잡아 슛'을 하는 등의 순서를 만드는 것이다. 나름대로의 방법을 만들도록 하자.

팔꿈치를 편 후 백스핀이 들어가도록 손목 스냅을 줘 팁에서 공을 릴리스한다
▲ 그대로 팔꿈치를 펴 슛한다.

공이 네트를 통과할 때까지 슈팅 핸드를 내리지 않는다
▲ 공이 네트를 통과할 때까지 팔로스루한다.

▲ 공을 치는 것도 절차 중의 하나다.

지도자 MEMO 자유투는 경기 중 슛을 하다가 파울을 당했을 때 주어지는 것으로 프리스로 라인에서 던지는 슛이다. 수비수의 방해를 받지 않는다는 점과 점프할 필요가 없다는 점을 제외하면 팔의 사용법은 점프 슛과 같다(투 핸드 슛은 58쪽).

점프 슛

프로그램 034 뱅크 슛 Bank shoot

중요도 ★★★
난이도 ★★★
 장소 하프코트

목표 '뱅크 슛'이란 백보드에 공을 맞춰 넣는 슛이다. 슛의 정확성을 높이기 위해 백보드의 45도 부근에서 슛한다.

백보드에 맞춰 슛한다

순서
① 백보드의 45도 부근에서 공을 잡는다.
② 백보드를 이용해 들어가도록 '점프 슛(56쪽)'을 한다.
③ 리바운드 볼을 주워 반대편으로 이동해 같은 방법으로 슛한다.

▲ 백보드의 45도 부근에서 보드를 이용해 들어가도록 '점프 슛'을 한다.

▲ 슛을 한 후에는 공이 링을 통과할 때까지 팔로스루 자세를 유지한다.

지도자 MEMO '뱅크 슛'도 공에 백스핀을 거는 것이 가장 중요하다. 팁을 미세하게 조정해 스핀을 걸면 백보드에 맞고 튕겨져 나오는 공의 힘을 조절할 수 있다. 좌우 양쪽에서 '뱅크 슛'을 던져 공이 부드럽게 백보드에 맞고 돌아오는 느낌을 잘 알아두자.

선수에게 골의 정면이나 측면에서 슛을 할 때는 클리어 슛이 기본이지만 골(백보드)이 45도 정도의 각도에 있을 경우에는 '뱅크 슛'이 더 성공률이 높다. '뱅크 슛'은 백보드에 그려져 있는 윈도우(사각형)의 세로선 윗부분에 공을 맞추는 것이 포인트다.

▲ 뱅크 슛은 윈도우의 세로선 윗부분을 겨냥한다.

점프 슛

프로그램 035

대면 점프 슛

중요도	★★
난이도	★★
장소	페인트 에어리어

목표 공중에서도 균형 잡힌 자세를 유지하며 슛을 할 수 있도록 하는 연습이다. 균형감 있게 착지했는지, 공중 자세가 좋았는지를 확인하자.

▲ Ⓐ는 가볍게 연속 점프한다.　　▲ 3~4회 점프 후 패스를 받는다.

▲ 공을 받은 후에도 똑같은 리듬으로 점프한다.　　▲ 타이밍을 계산해 '점프 슛'을 한다.

순서

① 슛을 하는 선수Ⓐ는 골 부근의 슛을 넣기 쉬운 위치에 서고, 공을 패스해 줄 선수Ⓑ는 골 밑에 선다.

② Ⓐ는 줄넘기를 하듯 가볍게 연속 점프한다.

③ Ⓐ가 3~4회 점프하고 나면 Ⓑ가 Ⓐ에게 공을 패스한다. Ⓐ는 공을 받으면 똑같은 리듬으로 '점프 슛(56쪽)'을 한다. 이때 트래블링(Traveling, 공을 갖고 3보 이상 이동하는 것)에 신경 쓰지 말고, 공을 잡은 채 착지해도 된다.

④ Ⓐ는 슛을 한 후에도 점프를 하면서 1분 간 혹은 10개의 슛을 할 때까지 반복한다.

지도자 MEMO 연속으로 점프할 수 있다는 것 자체가 공중 자세가 좋다는 증거이며 몸의 균형을 잘 유지하고 있음을 나타낸다.

점프 슛

프로그램 036

뎁스 점프 Depth jump

중요도 ★★★★
난이도 ★★★
장소 페인트 에어리어

목표

상자에서 뛰어내리며 슛을 함으로써 '점프 슛'을 할 때의 무릎과 발목 사용법 및 힘 조절 방법을 익힌다.

순서

① 골 근처에 30cm 정도 높이의 상자를 놓고 그 위에서 공을 잡고 선다.
② 상자에서 뛰어내린다.
③ 착지한 후 바로 '점프 슛 (56쪽)'을 10회 반복한다.

▲ 공을 잡고 상자 위에 선다.

▲ 상자에서 뛰어내린다.

▲ 착지한 후 그 자리에서 점프한다.

착지한 후 무릎을 굽히지 말고 그 자리에서 점프한다

▲ 그대로 '점프 슛'을 한다.

선수에게 상자에서 높이 점프하여 뛰어내려도 OK. 이럴 경우에는 횟수를 여러 번 할 필요가 없다. 무릎을 굽히지 말고 땅에 닿는 시간이 짧은 점프를 하고, 착지했을 때 몸에 충격이 크기 때문에 워밍업을 확실하게 한 후 도전한다.

지도자 MEMO

공을 공중에서 받아 착지한 순간, 퀵 점프로 슛을 쏘는 기회는 많다. '뎁스 점프'는 이 슛 감각을 익히는 데 도움이 되며 점프력도 키울 수 있다. 하지만 너무 무리하지 말자. 오히려 필요 이상으로 시간을 들일 경우 무릎과 발목 부상으로 이어지기 쉽기 때문이다. 특히 몸이 유연한 어린이는 본 연습을 할 필요가 없다.

점프 슛

프로그램 037 골 밑 슈팅

중요도 ★★
난이도 ★
장소 페인트 에어리어

목표 달려오던 속도를 멈추는 기술을 향상시켜 골 밑에서 간단한 슛을 확실히 넣을 수 있도록 한다. 일정 시간 연습하면 지구력이 좋아지고, 슛 실패 확률이 적어진다.

▲ 골 밑에서 '점프 슛'을 한다.

▲ 슛을 한 후 프리스로 라인을 향해 대시한다.

▲ 프리스로 라인을 밟은 후 바로 턴해서 골 밑으로 향한다.

▲ 공을 주워 바로 그 자리에서 다시 '점프 슛'을 한다.

순서

① 골 밑에서 '점프 슛(56쪽)'을 한다.
② 슛을 한 후 프리스로 라인을 향해 대시한다.
③ 프리스로 라인을 밟은 후 바로 턴해서 골 밑으로 향한다.
④ 재빨리 공을 주워 다시 슛한다. 30초 간 실시한다.

지도자 MEMO 성공한 슛의 횟수를 세면 동기부여가 된다. 골 밑 슛은 얼핏 간단해 보이지만 달리는 동작을 멈추고 슛을 확실하게 넣기란 결코 쉬운 일이 아니다. 자세가 불안정해지면 골이 들어가기 힘들며, 들어가더라도 라인이 심하게 휜 슛을 넣기 십상이다. 공중에서도 기본 자세를 유지해 슛을 쏠 수 있도록 하자.

점프 슛

프로그램 038 연속 슈팅

중요도	★★
난이도	★★★★
 장소	하프코트

목표 ▶ 같은 장소에서 연속으로 '점프 슛'을 하여 슛의 정확성을 높인다. 성공한 개수를 세면서 놀이처럼 즐기자.

공 바구니 등을 사용해 연속으로 슛한다

← 슛

순서

① 선수의 수준에 따라 임의의 지점에 선다.
② 차례대로 같은 장소에서 1분 간 '점프 슛(56쪽)'을 한다.

 **지도자 MEMO**
1분 간의 성공 목표 개수는 16개이므로 슛을 빨리 해야 한다. 연속으로 슛을 하기 때문에 바구니를 준비하거나, 공을 건네주는 동료와 함께 하는 것이 좋다.

점프 슛

프로그램 039 6개 지점에서 슈팅

중요도	★★
난이도	★★★
 장소	하프코트

목표 ▶ 골에서 3~4미터 떨어진 미들 레인지에서 공을 던지며 슛 결정력을 높이는 연습이다. 골 주변 여러 방향에서 슛을 넣을 수 있도록 연습하자.

슛이 들어가면 이동

← 슛 ←─ 이동

순서

① 왼쪽 그림과 같이 코트 안의 6개 지점에 장애물을 설치한다. 슛을 하는 선수Ⓐ는 장애물1에 공을 잡고 선다. Ⓑ는 리바운드를 잡아 Ⓐ에게 공을 패스하는 역할을 한다.
② Ⓐ는 장애물1에서 슛한다. 슛이 들어가면 장애물2로 이동한다. 이것을 장애물6까지 반복한다.

 지도자 MEMO
장애물1과 6, 3과 4에서는 백보드를 사용하지 않으며 장애물2와 5에서의 슛은 백보드를 사용하면 좋다.

점프 슛	중요도 ★★
	난이도 ★★★

프로그램 040

경쟁하며 슈팅

목표 2명이 경쟁하며 다양한 지점에서 슛을 쏘아 슛 실력을 향상시키는 것이 목표다. 긴장감 넘치게 연습함으로써 승부를 걸어야 하는 상황에서 골을 넣을 수 있는 강한 승부력을 키운다.

장소 하프코트

순서

① 왼쪽 그림과 같이 코트 내의 9개 지점에 장애물을 설치한다. Ⓐ는 장애물1, Ⓑ는 장애물9에서 공을 잡고 선다.
② Ⓐ는 장애물1에서 9까지 이동하며 슛을 성공시키고, 다시 9에서 1의 순서로 반복한다. 리바운드는 스스로 잡는다. Ⓑ는 장애물9에서 시작해 Ⓐ와 반대 순서로 슛을 하며 이동한다.

지도자 MEMO 장애물의 위치는 모두 3점 라인 안으로 잡아도 괜찮다. 선수의 수준과 특성, 목표에 따라 연습 내용을 연구해 훈련하자.

점프 슛	중요도 ★★
	난이도 ★★★

프로그램 041

여러 지점에서 슈팅

장소 하프코트

목표 3점 슛을 포함하여 다양한 지점에서 슛을 넣을 수 있도록 하는 슛 연습이다. 모든 라운드에서 득점력을 키우는데 도움이 된다.

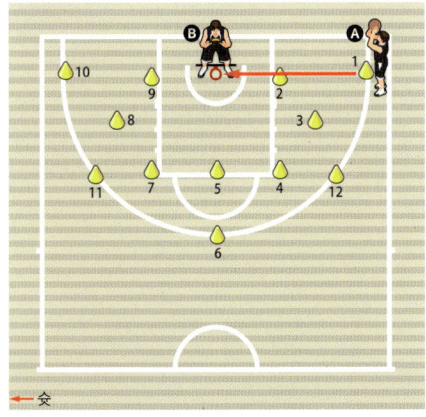

순서

① 왼쪽 그림과 같이 코트 안 12개 지점에 장애물을 설치한다. 슛을 하는 선수Ⓐ는 장애물1에 공을 잡고 선다. Ⓑ는 리바운드를 잡아 Ⓐ에게 공을 패스하는 역할을 한다.
② 한 장애물에서 목표로 한 개수의 슛(예를 들면 5개)을 성공시키면 다음 번호의 장애물로 이동한다. 이를 장애물12까지 반복한다.

지도자 MEMO 각 장애물에서 정해진 수만큼의 슛을 성공시킬 때 그 개수를 기록해두면 자신이 잘하는 위치와 못하는 위치를 알 수 있다.

점프 슛

프로그램 042

엘보 투 엘보 Elbow to elbow

중요도 ★★★
난이도 ★★★★
장소 페인트 에어리어

목표 엘보는 슛 거리로는 중간거리이며 높은 개인 기술이 필요한 지역이다. 실제로 움직이면서 패스를 받은 후 그 자리에서 슛을 하는 연습을 통해 슛 성공률을 높인다.

엘보에서 슛한다

← 슛

순서

① 슛을 하는 선수 Ⓐ는 엘보에, 패스하는 선수 Ⓑ는 골 밑에 포지션을 잡는다. Ⓐ가 공을 잡는다.
② Ⓐ가 '점프 슛(56쪽)'을 한다. 그 후 반대편 엘보로 이동한다.
③ Ⓑ는 리바운드를 잡아 Ⓐ에게 공을 준다.
④ Ⓐ는 다시 패스를 받아 슛한다. 이를 1분 간 반복한다.

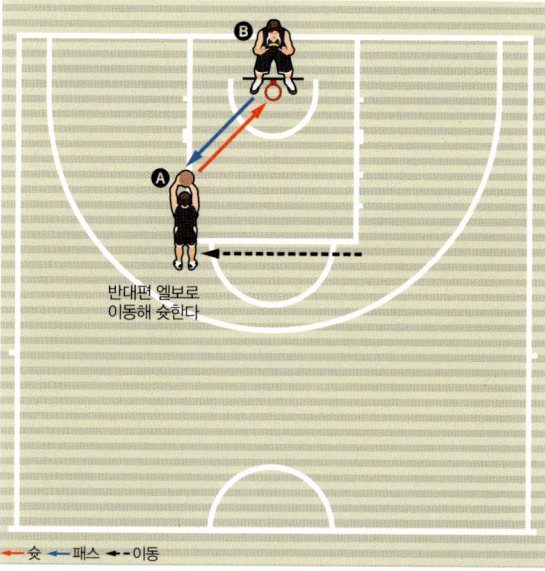

반대편 엘보로 이동해 슛한다

← 슛 ← 패스 ← 이동

선수에게 경기에서 필요한 '이동 → 공중에서 패스 받아 멈추기 → 슛'의 일련의 흐름을 익힐 수 있는 연습이다. 익숙해질 때까지 각 동작을 천천히 정확하게 훈련하자.

지도자 MEMO 2인 1조로 실시하는 슛 연습 중 가장 기본적인 연습이다. 다양한 슛 연습을 시도해도 도저히 실력이 늘지 않을 경우에는 이 '엘보 투 엘보'와 같은 기본 연습으로 돌아가는 것도 좋은 방법이다. 경기 직전 자신의 슛을 확인하는 데에도 최적이다.

점프 슛

프로그램 043

버디 Buddy

중요도 ★★★★
난이도 ★★★★
장소 페인트 에어리어

목표 '엘보 투 엘보'와 같은 지역에서 슛을 하는 연습으로, '코디네이션' 능력을 키우는 연습도 된다.

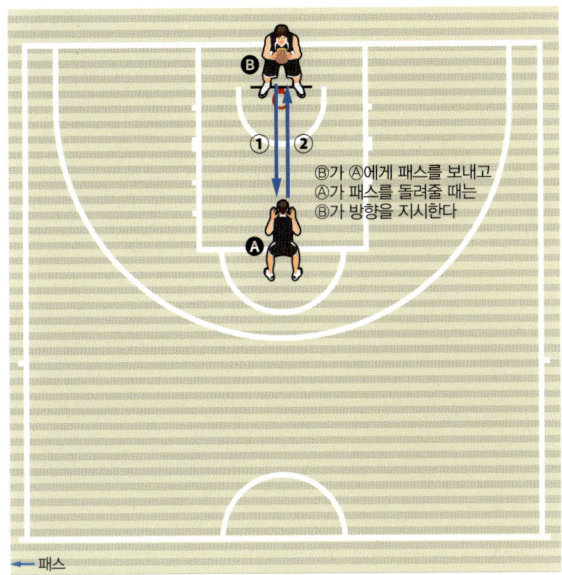

ⓑ가 Ⓐ에게 패스를 보내고
Ⓐ가 패스를 돌려줄 때는
ⓑ가 방향을 지시한다

순서

① 슛을 하는 선수Ⓐ는 프리스로 라인의 중앙에, 패스를 하는 선수 ⓑ는 골 밑에 포지션을 잡는다.
② ⓑ가 Ⓐ에게 패스한다.
③ Ⓐ가 패스를 돌려줄 때 ⓑ는 Ⓐ가 움직여야 할 방향을 손으로 지시한다.
④ Ⓐ는 ⓑ의 지시에 따라 엘보로 이동해 패스를 받아 슛한다. 이를 1분 간 반복한다.

Ⓐ는 ⓑ가 지시한 방향의 엘보로 이동해 패스를 받아 슛한다

← 슛 ← 패스 ←- 이동

응용 성공시킨 슛의 개수를 세면서 연습하면 동기부여가 된다. 프로그램의 제목인 '버디'란 한 쌍 또는 상대라는 의미다. 파트너와 함께 하는 연습은 효율적이면서도 잘못된 점을 서로 지적해 줄 수도 있는 장점이 있다.

지도자 MEMO '버디'의 포인트 중 하나는 패스를 받아 확실하게 멈추는 것이다. '점프 스톱(22쪽)'이나 '스트라이드 스톱(23쪽)' 등의 정지 방법을 정해두는 것도 좋다. 오른손잡이 선수의 대부분은 오른발에서 왼발로의 '스트라이드 스톱'에 서툰 경우가 많으므로 자주 체크하자.

점프 슛

프로그램 044

파트너 슈팅 Partner shooting

중요도 ★★★★
난이도 ★★★★
 장소 하프코트

목표 움직이면서 패스를 받고 슛을 쏘는 실전과 가까운 형태의 연습으로 슛 성공률을 높인다. 슛을 하는 지점을 바꾸며 슛 지역을 넓힐 수 있다.

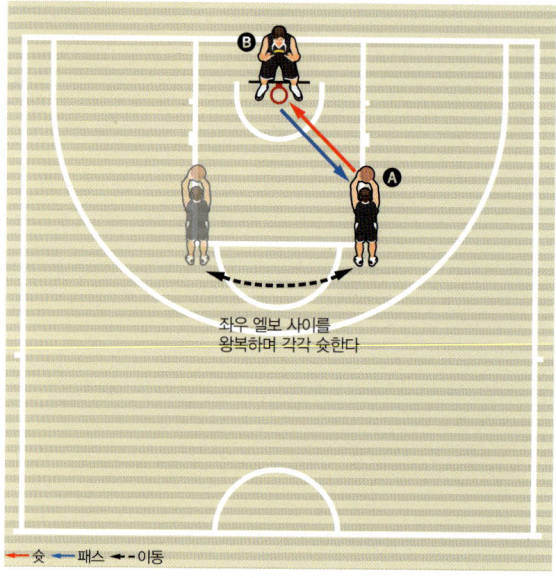

좌우 엘보 사이를 왕복하며 각각 슛한다

→ 슛 → 패스 → 이동

순서

① 슛을 하는 선수Ⓐ는 엘보에, 리바운드를 잡아 패스하는 선수Ⓑ는 골 밑에 포지션을 잡는다. Ⓐ가 공을 잡는다.
② Ⓐ는 '점프 슛(56쪽)'을 한 후 반대편 엘보로 이동하고, Ⓑ는 리바운드를 잡아 Ⓐ에게 공을 되돌려 준다. 이를 30초 간 반복한다.
③ 계속해서 Ⓐ는 오른쪽 코너로 이동해 '점프 슛(56쪽)'을 한다. 여기서는 코너와 윙(45도 부근)을 교대로 이동하면서 30초 간 패스를 받아 슛한다.
④ 왼쪽 코너에서도 같은 방법으로 30초 간 반복한다.

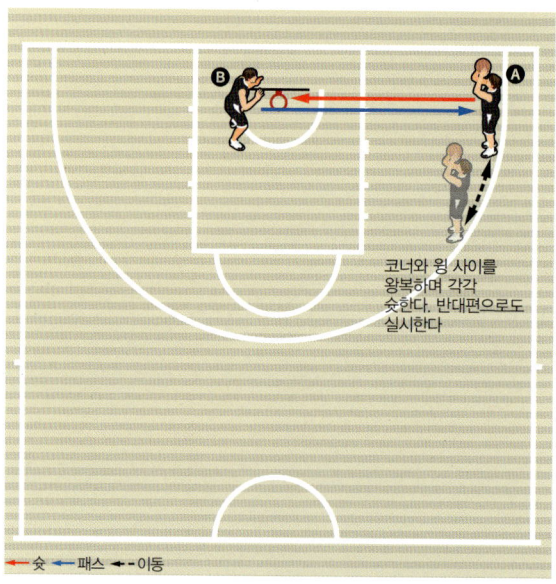

코너와 윙 사이를 왕복하며 각각 슛한다. 반대편으로도 실시한다

→ 슛 → 패스 → 이동

응용 둘이 하는 연습은 역할을 바꿔 다시 연습하는 것이 기본이다. 성공률을 따져 경쟁하면 긴장감을 느끼며 실전에 가까운 연습 효과를 낼 수 있다.

 지도자 MEMO 골 정면과 베이스라인 가까운 코너에서 던지는 슛은 '클리어 슛', 윙 부근에서 던지는 슛은 백보드를 이용한 '뱅크 슛(70쪽)'을 던지면 효과적이다.

 점프 슛

프로그램 045 서커스 슈팅 Circus shooting

중요도 ★★
난이도 ★★★★
장소 하프코트

목표 골에서 멀어지는 동작부터 시작해서 공을 잡아 골 방향으로 턴해 공격하기까지를 연습한다. 눈앞에 수비수가 있다고 가정하고, 슛을 던질 때 몸의 균형이 깨지지 않도록 한다.

백스핀을 걸어 공을 던진 후 다시 공을 주워 슛한다

슛 ← 패스 ← 이동 ← 드리블

순서

① 골 밑 부근에서 공을 잡는다.
② 왼쪽 그림의 X마크 지점 부근으로 바운드하듯 백스핀을 걸어 공을 던진 다음, 던진 공을 향해 달린다.
③ 공을 잡아 한두 번 드리블한 후 '점프 슛(56쪽)'을 한다. 이를 왼쪽 그림과 같이 골 중앙과 윙(X마크 지점)에서 실시한다.

▲ 골 밑에서 백스핀을 걸어 공을 던진다.

▲ 달려 들어와 공을 원 바운드하고 턴한다.

▲ 한두 번 드리블한 후 '점프 슛'을 한다.

 지도자 MEMO 공을 잡아 골 방향으로 턴할 때는 '스트라이드 스톱(23쪽)'을 하면서 180도 턴을 하게 되므로 몸의 균형을 잘 잡아야 한다. 균형이 무너지면 몸이 한쪽으로 쏠려 공격 형태를 만들지 못하므로, 중심을 잡으려 노력하고 머리가 상하로 움직이지 않도록 조심하자.

 점프 슛

중요도	★★
난이도	★★★★
장소	하프코트

프로그램 046

트라이앵글 슈팅 Triangle shooting

목표
골에서 멀어지며 드리블하다가 재빨리 방향을 바꿔 신속하게 '점프 슛'으로 들어간다. 눈앞에 수비수가 있다고 생각하고 연습하자.

3점 라인에 도착하면 턴해서 안쪽으로 들어온다

← 슛 ← 드리블

순서

① 골 밑에서 드리블을 시작한다.
② 3점 라인까지 간 후 턴해서 3점 라인 안쪽으로 들어온다. 임의의 지점에서 '점프 슛(56쪽)'을 한다.
③ 스스로 리바운드 볼을 주워서 반대편으로 드리블한 후 같은 방법으로 연습한다. 슛이 10개 들어갈 때까지 실시한다.

▲ 골 밑에서 드리블로 3점 라인까지 이동한다.

▲ 3점 라인에 도착하면 턴한다.

▲ 임의의 지점에서 '점프 슛'을 한다.

지도자 MEMO
드리블하는 방향을 바꾸어 빠르게 턴한 후 슛을 던지기까지는 드리블 기술과 몸의 균형감각이 좋아야 한다. 다리에 단단히 힘을 주는 것이 포인트이며, 방향을 바꿀 때 축이 흔들리지 않도록 안정된 상태에서 슛을 하자.

점프 슛

프로그램
047

1분 슈팅

중요도	★★
난이도	★★★★
장소	하프코트

 시간을 정해두고 실시한다. '점프 슛'의 정확성을 높이고 양손 모두 드리블을 자유자재로 구사할 수 있도록 연습한다.

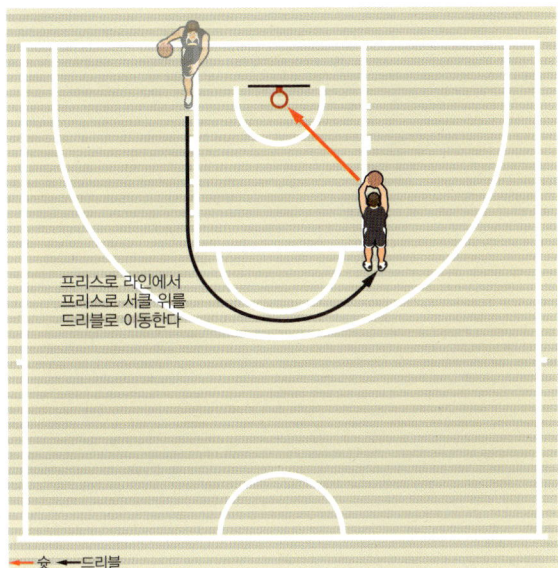

프리스로 라인에서 프리스로 서클 위를 드리블로 이동한다

← 슛 ← 드리블

순서

① 베이스라인과 프리스로 라인이 만나는 점에서 드리블을 시작한다.
② 오른손 드리블을 하여 프리스로 서클 위로 이동해 엘보에 도착하면 '점프 슛(56쪽)'을 한다.
③ 리바운드 볼을 주워 반대편으로 동일하게 연습한다. 이 경우에는 왼손으로 드리블한다. 이것을 1분간 반복한다.

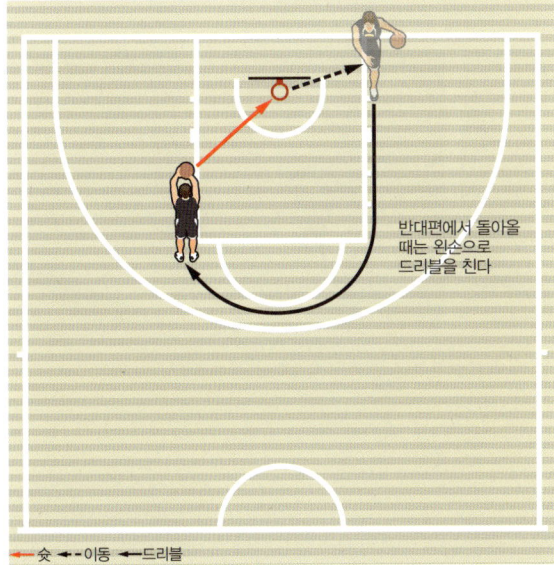

반대편에서 돌아올 때는 왼손으로 드리블을 친다

← 슛 ← 이동 ← 드리블

선수에게 1분 간 던져서 성공한 슛의 개수를 기록해두자. 자신의 수준을 알게 되고 실력이 느는 모습도 볼 수 있어 자신감을 키울 수 있다.

지도자 MEMO 목표는 1분에 13개의 슛을 넣는 것이다. 이를 위해서는 드리블은 빠르게, 슛은 정확하게 연결하는 것이 포인트이다. 물론 너무 서두르면 드리블도 슛도 실수로 이어지므로 익숙해질 때까지는 천천히, 정확하게 하는 것부터 시작하자.

중요도	★★★
난이도	★★★
장소	하프코트

프로그램 048 — 점프 슛

클로즈 아웃 & 슛 Close out & shoot

목표
수비수는 슛을 막기 위해 달려와 수비를 하는 '클로즈 아웃'을 하고, 공격수는 이를 피해 슛을 넣는다. 드리블 수를 제한해 신속히 슛 찬스를 만든다.

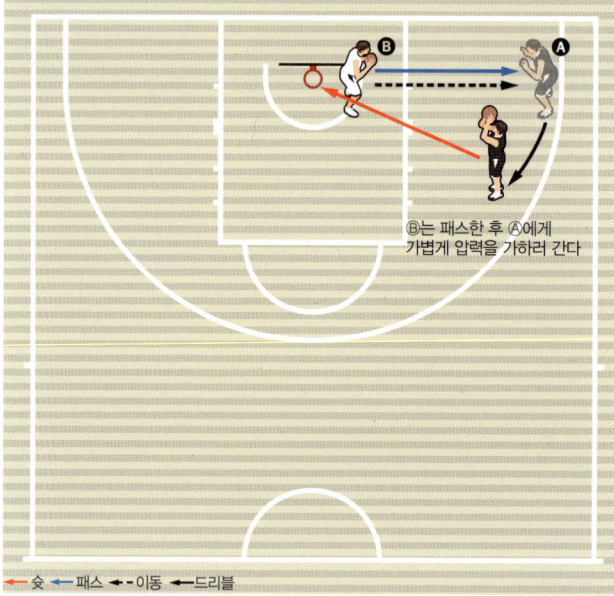

ⓑ는 패스 후 Ⓐ에게 가볍게 압력을 가하러 간다

←슛 ←패스 ←이동 ←드리블

순서

① 슛을 하는 선수 Ⓐ는 코너에, 패스를 하는 선수 Ⓑ는 골 부근에 포지션을 잡는다.

② Ⓑ는 Ⓐ에게 패스한 후 Ⓐ를 클로즈 아웃한다 (달려가 수비).

③ 패스를 받은 Ⓐ는 페인트모션을 사용하며 드리블해 Ⓑ를 제치고 '점프 슛(56쪽)'을 한다.

④ Ⓐ는 리바운드를 잡아 Ⓑ와 역할을 바꾼다. 같은 방법으로 연습하며 슛을 5개 성공시킨 쪽이 이긴다.

▲ 사진의 위치에서 시작. Ⓑ가 Ⓐ에게 패스한다.

▲ Ⓑ는 Ⓐ에게 클로즈 아웃(달려가 수비)한다. Ⓐ는 패스를 받은 후 페인트모션으로 드리블하다가 슛한다.

지도자 MEMO
본 연습에서 수비수는 상대를 막는 것이 아니라 적당히 압력을 가해 슛을 막는 것이다. 이른바 '더미 디펜스(Dummy defence, 수비를 하는 척만 하는 정도)'로 가볍게 압력을 가하는 것이다. 슛을 하는 선수는 드리블을 2회 이내로 제한하여 슛까지 연결시키도록 한다.

점프 슛

프로그램 049 프레셔 슈팅 Pressure shooting

중요도 ★★★★
난이도 ★★★★
장소 하프코트

목표 '클로즈 아웃 & 슛'을 좀 더 실전에 가깝게 만든 연습이다. 수비 압력을 강화해 슈터의 슛에 대한 판단력과 슛 확률을 높인다. 드리블을 한 번만 실시하자.

▲ 사진의 위치에서 시작한다. Ⓑ가 공을 잡는다.

▲ Ⓑ가 Ⓐ에게 패스한다.

▲ Ⓐ는 슛을 준비하고, Ⓑ는 달려와 '블록 아웃' 한다.

▲ Ⓐ는 패스를 받은 후 '점프 슛'을 한다.

순서

① 슛을 하는 Ⓐ는 코너에, 패스를 하는 Ⓑ는 골 부근에 포지션을 잡는다.
② Ⓑ는 Ⓐ에게 패스한 후, Ⓐ를 '클로즈 아웃' 한다.
③ 패스를 받은 Ⓐ는 드리블을 1번 이내로 해 '점프 슛(56쪽)'을 하고, Ⓑ는 적극적으로 '블록 아웃' 한다.
④ 역할을 바꾸는 것은 슛이 들어가지 않았을 때이다. 슛을 성공한다면 그대로 Ⓑ가 리바운드해 연습한다.

지도자 MEMO 수비수가 압력을 가해 올 때 슈터에게 필요한 것은 슛을 바로 할 것인지, 드리블로 상대를 제친 후에 할 것인지를 짧은 시간 내에 판단하는 것이다. 패스를 받으면서 '기본 자세(20쪽)'를 취하고, 수비수를 확실하게 보며 다음 플레이를 선택하도록 하자.

점프 슛

프로그램 050

270도 턴 & 슛

중요도 ★★★
난이도 ★★★★★
장소 페인트 에어리어

 목표
프리스로 라인 위에서 점프해 270도 턴한 뒤 던지는 슛이다. 정확하게 '점프 스톱' 하고 몸의 균형을 유지한 채 '점프 슛'으로 들어가는 감각을 익힌다.

▲ 공을 잡고 몸의 측면이 골을 향하도록 자세를 잡는다.

▲ 공을 바닥에 팅긴다.

순서

① 공을 잡고 프리스로 라인 위에서 몸의 측면이 골을 향하도록 자세를 잡는다.
② 공을 바닥에 팅기다가 두 발로 점프하여 공중에서 공을 잡은 채 270도 턴한 후 골을 정면으로 보고 착지한다.
③ '점프 슛(56쪽)'을 한다.

▲ 두 발로 점프하여 공중에서 공을 잡으며 몸을 회전시킨다.

▲ 골을 정면으로 보고 착지한 뒤, 바로 '점프 슛'을 한다.

응용 균형이 잘 잡히지 않을 경우에는 우선 점프해서 턴하는 각도를 좁힌다. 90도부터 시작하는 것이다. 그 후 180도, 270도로 각도를 넓히면서 감각을 익혀 균형을 잡자.

 지도자 MEMO
공을 공중에서 받으며 턴한 뒤, 골을 마주 보는 동작은 경기에 도움이 되는 실전 기술이다. 턴해서 착지한 후 즉시 '점프 슛'으로 들어간다.

점프 슛

프로그램 051

빌 브래들리 슈팅 워크아웃

중요도 ★★★★★
난이도 ★★★★★
장소 하프코트

목표 슛이 들어간 개수를 세어 슛 확률을 높인다. NBA 뉴욕 닉스의 슈퍼스타였던 빌 브래들리(Bill Bradley)가 했던 연습으로 집중력을 키우는 최고의 연습이다.

13개의 슛 중 10개가 들어가면 다음 번호의 장애물로 이동한다

← 슛

순서

① 왼쪽 그림과 같이 코트 안의 8개 지점에 장애물을 설치한다. 슛을 하는 선수 Ⓐ는 장애물1에 공을 잡고 선다. Ⓑ는 리바운드를 잡아 Ⓐ에게 공을 패스하는 역할을 한다.
② 13번 슛을 던져 10개가 들어가면 다음 번호의 장애물로 이동해 반복한다.

지도자 MEMO 난이도가 높은 슛 연습이다. 이 동작이 가능해지면 난이도를 더 높여 '연속해서 10개의 슛을 넣을 때까지 다음 지점으로 이동할 수 없다'라는 규칙을 정해 연습해보자.

점프 슛

프로그램 052

비트 코비 Beat Kobe

중요도 ★★★★★
난이도 ★★★★★
장소 하프코트

목표 프로그램의 제목을 직역하면 '코비를 이겨라'이다. 슈퍼스타 코비 브라이언트(Kobe Bryant)와 대전한다고 생각하면서 슛 연습을 한다.

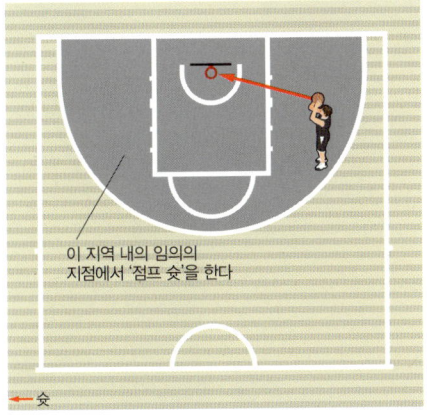

이 지역 내의 임의의 지점에서 '점프 슛'을 한다

← 슛

순서

① 왼쪽 그림의 색깔이 칠해진 곳에 임의의 슈팅 지점을 정해 슛한다.
② 슛이 들어가면 1점, 슛이 들어가지 않으면 상대인 코비에게 2점을 준다고 생각한다.
③ 10점을 먼저 얻은 쪽이 승리한다.

 지도자 MEMO 이 연습에서는 슛 실수가 4번 미만이면 승리하게 된다. 이처럼 똑같은 슛 연습을 하더라도 득점 카운트 방법을 조금만 바꿔보면 더 재미있게 연습할 수 있다.

레이업 슛

중요도 ★★★
난이도 ★

프로그램 053 — 캐리 스핀 Carry spin

장소 페인트 에어리어

목표 엘보 부근에서 골을 향해 사이드라인 쪽 손으로 '레이업 슛'을 할 때 공에 스핀을 거는 방법을 배운다.

▲ 엘보에서 시작하여 한 발을 앞으로 내민다.

공을 확실하게 잡는다

▲ 그 상태에서 두 번째 스텝을 리드미컬하게 내딛는다.

순서

① 엘보에서 공을 잡는다. 몸의 방향은 엔드 라인에 정면이 되도록 선다.
② 한 발을 앞으로 내밀고, 두 번째 스텝으로 바닥을 차고 뛰어올라 슛한다.
③ 슛은 공의 옆면을 슈팅 핸드로 아래에서 위로 쓸어 올리듯이 스핀을 걸어 던진다.

▲ 공을 한 손으로 들어 올린다.

허벅다리는 바닥과 평행이 되도록 들어 올려 높이 점프한다

▲ 스핀을 걸어 공을 던진다.

팔의 회전과 손목의 스냅으로 스핀을 건다

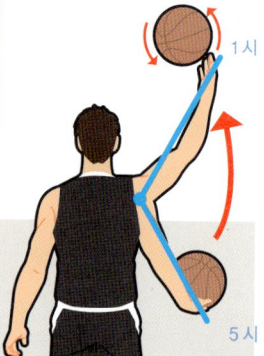

1시
5시

지도자 MEMO 볼에 스핀을 거는 방법에는 여러 가지가 있는데, 공의 옆면을 밑에서 위로 쓸어 올리는 방법을 '캐리 스핀'이라고 한다. 팔의 움직임을 시계라고 생각하고 오른손으로 공을 5시에서 1시 방향으로 쓸어 올려보면 회전 방법을 알 수 있다.

레이업 슛

프로그램 054 리버스 캐리 스핀 Reverse carry spin

중요도 ★★★
난이도 ★★
장소 페인트 에어리어

목표 골 밑을 지나 링을 등지고 던지는 백 슛의 볼 스핀 거는 법을 익힌다.

▲ 로 포스트 부근에서 출발하여 한 발을 앞으로 내민다.
공을 확실하게 잡는다

▲ 그 상태에서 두 번째 스텝을 리드미컬하게 내딛는다.

순서
① 로 포스트 부근의 프리 스로 라인 위에서 공을 잡고, 몸은 골의 정면으로 둔다.
② 한 발을 앞으로 내딛고 두 번째 내딛는 발로 바닥을 차고 뛰어올라 슛 한다.
③ 슛을 할 때는 골 밑을 통과한 후 공을 높이 들어 올려 팔꿈치를 편 상태로 던진다.

▲ 공을 한 손으로 들어 올린다.
허벅다리는 바닥과 평행이 되도록 들어 올리고 높이 점프한다

▲ 스핀을 걸어 공을 릴리스한다.
스핀을 걸어 팁에서 릴리스한다
착지했을 때 등이 베이스라인을 향하도록 한다

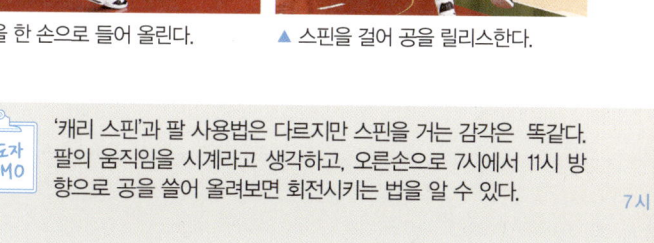

지도자 MEMO '캐리 스핀'과 팔 사용법은 다르지만 스핀을 거는 감각은 똑같다. 팔의 움직임을 시계라고 생각하고, 오른손으로 7시에서 11시 방향으로 공을 쓸어 올려보면 회전시키는 법을 알 수 있다.

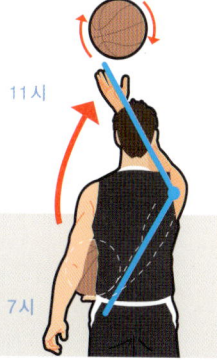
11시
7시

레이업 슛

중요도 ★★★
난이도 ★★

프로그램 055

훅 스핀 Hook spin

장소 페인트 에어리어

목표 골 밑 부근에서 '무빙 훅 슛'을 던질 때 볼 스핀 거는 법을 배운다. 포인트는 검지와 중지의 팁에서 공을 릴리스하는 것이다.

순서

① 엘보 부근에서 공을 잡는다. 몸의 방향을 반대편 코너에 정면이 되도록 선다.
② 페인트 에어리어를 사선으로 이동하도록 한 발을 앞으로 내밀고 두 번째 발로 바닥을 차고 뛰어올라 슛한다.
③ 슛을 할 때는 공을 높이 들어 올려 '무빙 훅 슛(62쪽)'의 요령으로 스핀을 걸어 릴리스한다.

▲ 엘보에서 페인트 에어리어를 사선 방향으로 이동한다.

▲ 그 상태에서 두 번째 스텝을 리드미컬하게 내딛는다.

▲ 공을 한 손으로 들어 올린다.

▲ 스핀을 걸어 공을 릴리스한다.

 지도자 MEMO '훅 스핀'은 문자 그대로 훅 슛을 할 때 거는 스핀으로 회전 방향은 백스핀이다. '클리어 슛'과 '뱅크 슛(70쪽)' 모두 사용할 수 있으며 특히 뱅크 슛을 할 때에는 상완이 귀에 닿는다는 느낌으로 공을 릴리스해 슈팅 핸즈의 손바닥이 타깃을 향하고 있어야 한다.

레이업 슛

프로그램 056 언더 스핀 Under spin

중요도 ★★★
난이도 ★★
장소 페인트 에어리어

목표 골 정면에서 달려 들어가 '레이업 슛'을 하되, 백보드와 링에 공이 닿지 않고 직접 링 안으로 들어가게 하는 스핀을 건다.

▲ 프리스로 라인의 중앙 부근에서 시작하여 한 발을 앞으로 내민다.

공을 확실하게 잡는다

▲ 그 상태에서 두 번째 스텝을 리드미컬하게 내딛는다.

순서

① 프리스로 라인의 중앙 부근에서 공을 잡는다.
② 한 발을 앞으로 내밀고 이어서 두 번째 발로 바닥을 차고 뛰어올라 '레이업 슛(60쪽)' 한다.
③ 슛을 할 때는 공을 높이 들어 올려 몸 쪽으로 끌어당기듯이 손가락 끝으로 스핀을 걸어 릴리스한다.

허벅다리를 바닥과 평행이 되도록 들어 올리며 높이 점프한다

▲ 공을 들어 올린다.

▲ 스핀을 걸어 공을 릴리스한다.

지도자 MEMO '언더 스핀'은 골을 향해 달려 들어가며 슛을 할 때 사용하는 스핀으로, 손바닥에 올린 공의 아랫부분을 손가락 끝을 이용해 몸 쪽으로 끌어당기듯이 회전시킨다. 링 위에 공을 살짝 올린 다는 느낌으로 클리어 슛을 넣도록 유의하면 된다. 만약 다양한 스핀을 썼는데도 달리면서 던지는 슛이 들어가지 않을 경우에는 골 밑에 선 상태에서 공에 여러 종류의 스핀을 걸어 슛을 쏘는 연습부터 시작하자.

레이업 슛

중요도	★★★★★
난이도	★★
장소	하프코트

프로그램 057

피트 드릴 ①(스트레이트 스텝)

목표
가장 기본적인 득점 패턴을 익히기 위한 연습이다. 아웃사이드에서 패스를 받으면서 수비수의 움직임을 읽고, 드리블로 골 밑으로 파고 들어가 '레이업 슛'으로 연결한다.

▲ Ⓐ는 출발 지점인 코너에서 재빠르게 움직여 윙으로 달려간다.

▲ Ⓑ를 앞질러 Ⓒ에게 패스를 받는다.

▲ Ⓑ의 수비가 늦다고 판단되면 드리블로 전진한다.

▲ 그대로 '레이업 슛'으로 들어간다.

순서

① 공격수Ⓐ와 수비수Ⓑ는 코너에, 패스하는 선수Ⓒ는 톱에 포지션을 잡는다.
② Ⓐ는 윙으로 달려가 Ⓒ에게 패스를 받는다.
③ Ⓐ는 패스를 받으면서 Ⓑ의 수비가 늦다고 판단되면 프리스로 라인 쪽에서 골을 향해 드리블을 진행하다가 그대로 '레이업 슛(60쪽)' 한다.

지도자 MEMO
'스트레이트 스텝'은 피트 드릴(상세한 설명은 오른쪽 페이지 참조)의 여러 가지 스텝 중 가장 기본적인 스텝으로, 공을 받으며 직선으로 골을 향한다. 포인트는 패스를 받기 전에 수비수를 따돌려 최대한 마크당하지 않는 상태에서 패스를 받는 것이다. 가볍게 점프하여 공중에서 공을 받아 첫 발이 바닥에 닿기 전의 아주 짧은 순간에 수비수의 움직임을 읽은 후 치고 들어갈 방향을 결정한다.

연습 해설 피트 드릴이란?

피트 드릴의 개념

'피트 드릴'은 미국을 대표하는 명코치 피트 뉴웰(Pete Newell, 1960년 올림픽에서 미국에 금메달을 안겨 주었으며, 1964년 도쿄 올림픽에 출전한 남자대표팀을 맡아 일본 농구의 비약적인 발전을 가져왔다)이 창시한 공격 테크닉으로 아웃사이드에서 공을 받았을 때 슛을 하기 위한 동작까지를 패턴화한 것이라고 생각하면 된다. 보통 윙에서 공을 받는 것으로 시작하지만 가드 포인트나 코너에서 받아 시작해도 관계는 없다.

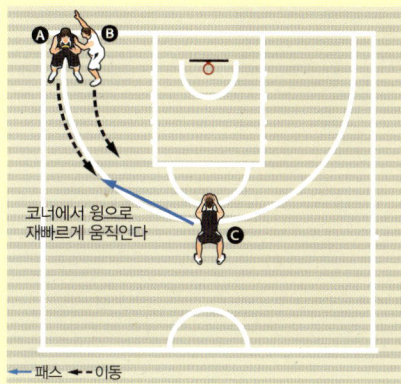

공을 받기 전의 동작
공 받는 법

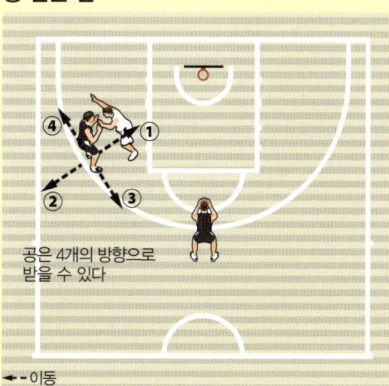

농구의 기본 개념으로 패스를 받기 위한 리시버는 4가지 방향으로 향한다.
① 골을 향하는 방향
② 골에서 멀어지는 방향
③ 공(을 가진 선수)을 향하는 방향
④ 공(을 가진 선수)에서 멀어지는 방향

이중 가장 기본적인 것은 골을 향하는 방향이며 이 동작이 익숙해지기 시작하면 앞서 설명한 '스트레이트 스텝' 외에 4가지 피트 드릴의 변형을 익히도록 한다. 4가지 패턴을 더 소개한다.

레이업 슛

중요도 ★★★★★
난이도 ★★★

프로그램 058

피트 드릴 ②(크로스 오버 스텝)

장소 하프코트

목표

'스트레이트 스텝'의 드릴 코스를 수비수가 막으러 오는 상황을 가정해 패턴을 늘린다. 좌우 어느 쪽으로 빠져 나갈지 상대가 파악하지 못하도록 만드는 것이 포인트다.

▲ Ⓐ는 코너에서 윙으로 달려간다.

스와이프로 공을 반대쪽으로 옮긴다

▲ Ⓑ가 드리블 코스를 막으러 오면 공을 반대쪽으로 이동시킨다.

순서

① 공격수Ⓐ와 수비수Ⓑ는 코너에, 패스하는 선수 Ⓒ는 톱에 포지션을 잡는다.

② Ⓐ는 윙으로 달려가 Ⓒ에게 패스를 받는다.

③ 골을 향해 드리블하려는 코스를 Ⓑ가 막아서면 Ⓐ는 스와이프(Swipe, 팔을 크고 강하게 흔드는 동작)로 공을 반대쪽으로 이동시킨 후, '크로스 오버 스텝'으로 Ⓑ를 제치고 드리블을 하며 골로 다가간다.

④ Ⓐ는 그대로 '레이업 슛 (60쪽)' 한다.

상체를 틀면서 발을 교차시킨다

▲ 공을 이동시키면서 한 발을 내딛을 준비를 한다.

상체를 틀어 수비수에게 등을 보이며 수비를 제친다

▲ 발을 내딛어 Ⓑ를 제친 후 그대로 슛한다.

발을 내딛어 Ⓑ를 제친 후 그대로 '레이업 슛' 한다

← 슛 ← 패스 ← 이동 ← 드리블

지도자 MEMO

'스트레이트 스텝'을 발전시킨 형태로, 공을 받았을 때 수비수가 드리블 코스를 막을 경우에 대처하는 방법이다. 스와이프 동작으로 공의 위치를 바꾸고 상체를 틀어 '크로스 오버 스텝(왼발이 피벗 풋일 경우 오른발을 교차시키 듯이 왼쪽으로 내딛는 것)'으로 수비를 제친다.

레이업 슛

프로그램 059

피트 드릴 ③(범프 & 턴)

중요도 ★★★★★
난이도 ★★★
장소 하프코트

목표

드리블 후에 수비수가 드리블 코스로 들어왔을 때를 가정한 패턴이다. 이 경우 상대에게 몸을 부딪친 후, 턴해서 수비를 피해 슛한다.

▲ Ⓐ는 윙에서 공을 받아 드리블하며 골로 향한다.

▲ Ⓑ가 드리블 코스를 막아서면 Ⓐ는 Ⓑ에게 몸을 바싹 갖다 붙인다.

순서

① 공격수 Ⓐ와 수비수 Ⓑ는 코너에, 패스하는 선수 Ⓒ는 톱에 포지션을 잡는다.
② Ⓐ는 윙으로 달려가 Ⓒ에게 패스를 받은 후 드리블하며 골로 향한다.
③ Ⓑ가 드리블 코스를 신체의 정면으로 막아서면 Ⓐ는 몸을 Ⓑ에게 부딪친 후 턴한다.
④ Ⓐ는 그대로 '레이업 슛(60쪽)' 한다.

▲ 계속 드리블하며 재빨리 턴한다.

▲ 상대를 제친 후 그대로 슛으로 들어간다.

지도자 MEMO

드리블 코스가 막혔을 경우에는 일단 상대에게 몸을 바싹 갖다 붙이는 이른바 '범프(Bump)' 플레이가 효과적이다. 상대를 제치기 위해서는 회전 반경을 작게 하고, 진행 방향으로 시선을 두어 신속하게 회전하는 것이 중요하다. 그리고 공을 진행 방향으로 끌어당기듯이 똑바로 드리블하는 것이 포인트다.

 레이업 슛

프로그램 060 피트 드릴 ④(하프 턴)

중요도 ★★★★★
난이도 ★★★
장소 하프코트

 목표

드리블로 골을 향해 가다가 '범프 & 턴'으로 페인트모션 하고 다시 원래 방향으로 턴해 상대를 제친다. 경기에서는 이와 같이 상대의 동작에 대해 즉각적으로 대응하는 능력이 필요하다.

순서

① 공격수 Ⓐ와 수비수 Ⓑ는 코너에, 패스하는 선수 Ⓒ는 톱에 포지션을 잡는다.
② Ⓐ는 윙으로 달려가 Ⓒ에게 패스를 받은 후 드리블하며 골로 향한다.
③ Ⓑ가 드리블 코스를 막으면 '범프 & 턴(93쪽)' 동작을 하는 것처럼 '하프 턴'을 한다.
④ Ⓑ가 '하프 턴'에 대응한다고 판단되면, Ⓐ는 다시 원래 방향으로 턴해 수비를 제친다.
⑤ Ⓐ는 그대로 '레이업 슛(60쪽)' 한다.

▲ Ⓐ는 윙에서 공을 받아 드리블하며 골로 향한다.

▲ Ⓑ가 드리블 코스를 막으면 일단 몸을 바싹 갖다 붙인다.

일단 상대에게 몸을 바싹 갖다 붙인다

회전하는 방향으로 얼굴을 돌린다
Ⓑ가 말려들면 즉시 원래 방향으로 턴한다.
몸은 반대방향으로 돌린다

▲ 회전 방향으로 얼굴을 돌리고 몸을 1회전하는 척한다.
▲ Ⓑ가 동작에 말려들면 즉시 원래 방향으로 턴을 하여 수비를 제친다.

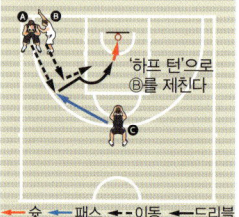
'하프 턴'으로 Ⓑ를 제친다
← 슛 ← 패스 ← 이동 ← 드리블

 지도자 MEMO

첫 번째 턴을 할 때 몸을 필요 이상으로 크게 회전하면 다음 턴이 늦어진다. 그러니 반만 회전하는 '하프 턴'을 하자. 포인트는 얼굴은 많이 흔들되, 시선은 회전하려고 하는 방향으로 돌리는 것이다. 이렇게 하면 수비수는 1회전만 할 것이라 생각해 페인트모션에 걸려든다.

레이업 슛

프로그램 061

피트 드릴 ⑤(갤럽 스텝)

중요도	★★★★★
난이도	★★★
장소	하프코트

목표 '갤럽 스텝'은 보폭을 넓게 벌려 힘차게 내딛는 스텝이다. 수비수를 따돌린 후 다른 수비수를 맞닥뜨렸을 때 효과적이다.

▲ Ⓐ는 윙에서 공을 받아 드리블하며 골로 향한다.

▲ 공을 세게 치며 이동거리가 넓은 스텝으로 바닥을 차고 뛰어오른다.

순서

① 공격수 Ⓐ와 수비수 Ⓑ는 코너에, 패스하는 선수 Ⓒ는 톱에 포지션을 잡는다.

② Ⓐ는 윙으로 달려가 Ⓒ에게 패스를 받은 후 드리블하며 Ⓑ를 따돌리고 골로 향한다.

③ 이때 다른 수비수와 맞닥뜨렸을 경우를 가정하여, 드리블하다가 점프하여 공중에서 공을 잡고 몸의 방향을 바꾼다.

④ 착지 후 재빠르게 '레이업 슛(60쪽)' 한다.

▲ 공중에서 공을 잡으면서 몸의 방향을 바꾼다.

▲ 착지한 후 슛으로 전환한다.

지도자 MEMO '갤럽(Gallop)'이란 경주마의 스텝 중 하나로, 두 발을 번갈아가며 '따–닥' 하는 리듬으로 크고 힘찬 스텝을 밟는 것이 포인트다. 이 스텝은 드리블로 수비수를 완전히 뿌리치지 못한 경우에도 효과적이다. 드리블에서 스텝으로 전환하는 리듬을 확실하게 익히자.

점프 슛

중요도	★★★★★
난이도	★★
장소	하프코트

프로그램 062
피트 드릴 ⑥(스톱 & 턴 슛)

목표 슛을 하려고 하면 수비수는 필사적으로 '블록 아웃' 하기 위해 달려올 것이다. 이를 대비해 확실히 멈추었다가 수비수와의 거리를 넓히는 스텝을 익힌다.

▲ Ⓐ는 윙에서 공을 받아 드리블하며 골로 향한다.

▲ Ⓑ가 따라붙으면 '스트라이드 스톱'으로 멈춰 선다.

보폭을 넓게 벌린다

순서

① 공격수 Ⓐ와 수비수 Ⓑ는 코너에, 패스하는 선수 Ⓒ는 톱에 포지션을 잡는다.
② Ⓐ는 Ⓒ에게 패스를 받아 드리블하며 골로 향한다.
③ 골 근처라도 Ⓑ를 뿌리치지 못했거나 블록 아웃이 예상된다면 Ⓐ는 보폭이 넓은 '스트라이드 스톱(23쪽)'으로 멈춰 선다.
④ Ⓑ가 말려들면 Ⓐ는 턴을 해 '점프 슛(56쪽)'을 한다. '페이드 어웨이 슛(Fade away shoot, 상체를 뒤로 젖힌 채 점프 슛)'을 해도 좋다.

▲ 턴해서 Ⓑ와의 거리를 벌린다.

턴해서 수비를 따돌린다

▲ 그대로 '점프 슛'을 한다.

'스트라이드 스톱' 후 바로 턴을 해 슛한다

← 슛 ← 패스 ← 이동 ← 드리블

지도자 MEMO '스톱 & 턴 슛'에서 중요한 것은 빠르고 넓은 보폭으로 멈춰 서서 수비수를 골 방향으로 밀어 넣는 것이다. 그리고 나서 턴을 하는데 이것을 '파운드 피벗(Pound pivot)'이라고 한다. 수비수와의 거리를 두는 또 다른 방법으로, 스톱할 때 골에서 물러서는 스텝을 밟는 것도 있다.

레이업 슛

프로그램 063 퀵 레이업 Quick layup

중요도 ★★
난이도 ★★★★★
장소 페인트 에어리어

목표 '레이업 슛'을 연속으로 빨리 던지며 민첩성과 슛의 정확도를 높이는 연습이다. 체력과 집중력도 향상된다.

▲ 엘보에서 공을 잡는다.   ▲ 골 방향으로 원 드리블한다.

▲ '레이업 슛'을 한다.   ▲ 리바운드 볼을 주워 원래 자리로 돌아온다.

순서

① 엘보 부근에서 공을 잡는다.
② 원 드리블 후 '레이업 슛(60쪽)'을 한다.
③ 리바운드 볼을 주워 원래 자리로 달려가 슛한다. 이를 30초 간 반복한다.

지도자 MEMO '레이업 슛'은 연습을 하면 누구든 넣을 수 있는 비교적 간단한 슛이지만 실제 경기에서는 실패하는 경우가 많다. 이는 스피드가 필요한 슛인데다가, 경기 시간이 지날수록 집중력과 체력이 떨어지기 때문이다. 그래서 '퀵 레이업'과 같은 연습을 통해 피곤한 상태로 몰아넣는 상황도 필요하다. 목표는 30초 간 9개의 골을 넣는 것이다.

레이업 슛

프로그램 064

파워 레이업 슛 Power layup shoot

중요도 ★★★★★
난이도 ★★
장소 하프코트

목표

'점프 스톱' 후 두 발로 바닥을 차고 뛰어올라 슛한다. 이 동작은 마이클 조던(Michael Jordan)의 장기이기도 한데, 골 밑에서 던지는 슛의 다양한 변형 방식을 익혀두면 경기에서 상황에 맞게 대처할 수 있다.

순서

① 임의의 지점에서 골을 향해 드리블하다 골 부근에서 '점프 스톱(22쪽)'으로 멈춘다.
② 두 발로 바닥을 차고 점프하면서 공을 위로 들어 올린다.
③ 한 손으로 슛한다.

▲ 임의의 지점에서 드리블하며 골로 향한다.

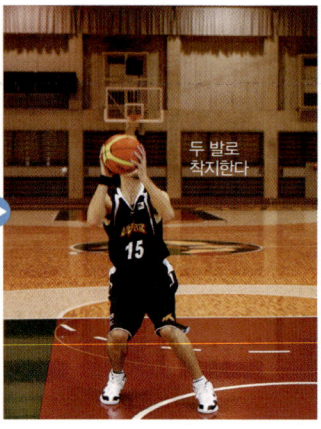
두 발로 착지한다
▲ '점프 스톱'으로 멈춘다.

수비수로부터 먼 쪽 손으로 슛
▲ 점프하며 공을 들어 올린다.

공에 스핀을 걸어 팁에서 릴리스한다
수비수를 등지고 플레이한다고 생각하고 파워풀한 동작으로 슛한다
▲ 점프의 정점에서 공을 릴리스한다.

> **선수에게** 두 발로 바닥을 차며 점프할 때 공중에서의 자세가 새우처럼 등이 휘는 선수도 많다. 이땐 다리 힘을 확실하게 키워 바닥을 두 발로 차더라도 공중에서 몸의 균형을 유지하고 높이 도약할 수 있도록 하자.

지도자 MEMO
팔 사용법은 '레이업 슛'과 똑같다. 차이점은 '레이업 슛'이 한 발로 바닥을 차고 점프하는데 반해 '파워 레이업 슛'은 두 발로 바닥을 차며 점프해 슛한다는 점이다. 수비수를 등졌을 때 사용되는 플레이로, 두 발로 버티고 서기 때문에 몸싸움도 견뎌낼 수 있다.

레이업 슛

프로그램 065

클로즈업 슛 Close-up shoot

중요도 ★★★
난이도 ★★★★
장소 하프코트

목표

경기에서 자신보다 키가 큰 수비수가 마크할 때 좋은 슛이다. '클로즈업 슛'을 익혀 요령껏 던지자.

▲ 드리블을 하며 골을 향해 첫 발의 스텝을 밟는다.

▲ 그 상태에서 두 번째 발을 내딛는다.

순서

① 임의의 지점에서 골을 향해 드리블한다.
② 스텝은 좌우 발을 번갈아 밟는 러닝 스텝이다.
③ 공을 머리 위로 들어 올려 자세를 잡는다.
④ '점프 슛(56쪽)'의 요령으로 높은 지점에서 슛한다.

허벅다리는 바닥과 평행이 되도록 높이 들어 올린다

공을 이마 앞쪽에 세팅한다

▲ 점프하며 공을 이마 앞쪽에 세팅한다.

'점프 슛' 하는 요령으로 팁에서 공을 릴리스한다

▲ 점프의 정점에서 공을 릴리스한다.

응용 클로즈업 슛이나 일반적인 레이업 슛을 쏠 때는 '하나, 둘'의 리듬으로 스텝을 밟은 후 슛으로 들어가는 것이 기본이다. 하지만 이 패턴은 상대 수비도 알고 대처하게 되므로 '하나, 둘'의 리듬이 아니라 '하나'에서 클로즈업 슛을 하는 것도 좋은 방법이다.

지도자 MEMO

'클로즈업 슛' 또한 '레이업 슛'과 마찬가지로 달려 들어와 던지는 슛이다. 들어 올린 다리의 허벅다리가 바닥과 수평이 되도록 올려 높이 점프하며 몸의 균형을 유지한다. 팔은 '점프 슛'과 같으며 손목의 스냅을 이용해 팁에서 공을 릴리스한다.

훅 슛

중요도	★★
난이도	★★★
장소	코트 안의 라인 위

프로그램
066

무지개 궤도 그리기

목표 코트에 그려진 라인을 이용해 '훅 슛'의 팔 사용법을 익힌다. 공에 스핀을 확실하게 걸어 똑바로 던질 수 있도록 하자.

▲ 라인 위에 두 발의 뒤꿈치를 올리고 공을 든 채 선다.

▲ 팔꿈치를 편 채 팔을 가볍게 들어 공을 릴리스한다.

순서

① 코트 안의 라인 위에 양 발의 뒤꿈치를 대고 선다. 양손을 옆으로 쭉 펴고 한 손으로 공을 잡는다.
② 공을 잡고 있는 쪽은 팔꿈치를 편 채 가볍게 들어 올리면서, 손목에 스냅을 넣어 팁에서 공을 릴리스한다.
③ 다른 한 손으로 공을 받는다. 같은 요령으로 반대쪽으로도 실시한다.

▲ 공이 머리 위에서 무지개와 같은 궤도를 그리며 이동한다.

▲ 반대편도 같은 방법으로 연습한다.

▲ 옆에서 보면 공이 라인 위를 이동한다.

지도자 MEMO 공은 라인 위를 똑바로 이동해 무지개 모양의 궤도를 그린다. 슛은 똑바로 날아가는 것이 기본이며 '훅 슛'에도 똑같이 적용된다. 슈팅 핸드 반대편 어깨의 연장선 위를 공이 이동하도록 의식하자.

훅 슛

| 중요도 | ★★ |
| 난이도 | ★★★ |

프로그램 067

점프 훅 슈팅 Jump hook shooting

장소 | 페인트 에어리어

목표
'점프 훅 슛'을 익히는 것이 목표다. 리바운드에서 슛으로 연결하는 동작을 실전에 가까운 형태로 실시한다.

▲ 골 밑에서 공을 잡고 선다.

▲ 임의의 슛 방식으로 백보드에 공을 던져 맞힌다.

순서

① 골 밑에서 공을 잡고 선다.
② 백보드에 공을 부딪쳐 튕겨 나온 공을 '투 핸드 리바운드(186쪽)'하는 요령으로 점프해 공중에서 잡는다. 골을 등지고 두 발로 착지한다.
③ '90도 프런트 턴(38쪽)'으로 골을 향해 옆으로 서서 '점프 훅 슛(64쪽)' 한다.

착지 후에는 빠르게 턴한다
몸을 비틀어 점프하고 골을 등진 상태로 착지한다
▲ 튕겨 나온 공을 공중에서 잡아 골을 등지고 착지한다.

▲ 골을 향해 옆으로 서서 '훅 슛'을 한다.

NG '훅 슛'의 특징 중 하나는 신체를 이용해 어깨너비만큼 공을 지킬 수 있다는 점이다. 하지만 수비수와 수직을 이루지 않으면 오히려 공이 수비수 가까이에 위치하게 되니 주의해야 한다. 슈팅 라인을 보기 힘들어 볼 컨트롤이 쉽지는 않겠지만, 무지개 궤도 그리기를 의식하면 도움이 된다.

지도자 MEMO 슛 자세에 들어갈 때 두 어깨를 이은 선이 백보드에 수직이 되도록 유의하는 것이 포인트다. 오른손으로 슛을 할 경우에는 왼쪽 어깨가 골 중앙을 가리키는 타깃이 되도록 자세를 잡는다. 그리고 왼쪽 어깨가 시야에 들어온 상태에서 골 중앙을 향해 똑바로 던져 올리도록 집중한다.

훅 슛

프로그램 068

러닝 훅 슛 Runnig hook shoot

중요도	★★★
난이도	★★
장소	하프코트

목표

'무빙 훅 슛'을 할 때 공을 바르게 팁에서 릴리스하는 법을 익히기 위한 연습이다. 골 정면에서 달려 들어가 슛을 넣을 수 있다면 올바른 방법을 터득했다는 증거이다.

▲ Ⓐ는 톱에서 Ⓑ는 윙에서 시작한다.

Ⓑ는 타이밍에 맞춰 패스한다

▲ Ⓐ는 골을 향해 똑바로 달려 들어가 Ⓑ의 패스를 받는다.

▲ 몸의 균형을 유지하며 점프한다.

공을 손바닥 안에서 굴리듯이 하여 팁에서 공을 릴리스한다

▲ 손바닥은 타깃을 향하게 하고 링의 측면에서 '훅 슛' 한다.

순서

① 슛을 하는 선수Ⓐ는 톱에, 패스를 하는 선수Ⓑ는 윙에 포지션을 잡는다.
② Ⓐ는 골을 향해 달려가 Ⓑ에게 패스를 받는다.
③ Ⓐ는 한 발로 바닥을 차고 다른 한 발로 두 번째 바닥을 차며 '무빙 훅 슛(62쪽)'을 한다.

 지도자 MEMO

패스를 해 주는 선수가 없다면 스스로 드리블해 정면으로 달려가 '훅 슛'을 한다. 양손 모두 익숙해질 수 있도록 반복 연습한다.

훅 슛

프로그램 069
마이칸 드릴 ① Mikan drill

중요도 ★★★
난이도 ★★
장소 페인트 에어리어

목표 골 밑에서의 '훅 슛'을 좌우 어느 쪽 손으로든 확실하게 넣을 수 있게 하는 연습이다. 리드미컬하게 연속으로 '훅 슛'을 던진다.

▲ 골 밑에서 골을 마주 보고 공을 잡고 선다.

▲ 왼발을 크로스하여 내딛으며 공을 들어 올린다.

순서
① 골 밑에서 공을 잡고, 골을 마주 보고 선다.
② 왼발을 크로스하여 첫 발을 내딛고 점프하며, 오른손으로 '훅 슛' 한다.
③ 타이밍에 맞춰 리바운드 볼을 잡으면서 이번에는 오른발을 한 발 내딛는다.
④ 내디딘 오른발로 바닥을 차고 왼손으로 '훅 슛' 한다. 이를 5회 정도 왕복한다.

상완이 귀에 닿는다는 느낌으로 공을 들어 올린다
팁에서 공을 릴리스한다
▲ 손바닥은 타깃을 향한 채 오른손으로 '훅 슛'을 한다.

▲ 리바운드 볼을 잡으면서 반대로 오른발을 크로스하여 내딛고 동일하게 실시한다.

응용 슛을 확실하게 넣을 수 있게 되면 시간을 정해 몇 개가 들어가는지를 정리해 보는 것도 좋다. 동료와 경쟁을 하면 공을 잡아 슛을 넣기까지의 스피드를 올릴 수 있고, 체력을 향상시킬 수 있다.

지도자 MEMO '마이칸 드릴'이란 NBA 명센터였던 조지 마이칸(George Mikan)이 하던 연습이다. 포인트는 리바운드 볼을 잡는 것과 첫 발을 내딛는 것의 타이밍을 잘 맞추는 것, 그리고 상완이 귀에 닿는 것이다. 착지했을 때 골을 마주 보도록 노력하면 자연스럽게 실행할 수 있다.

훅 슛

| 중요도 | ★★★ |
| 난이도 | ★★★ |

프로그램 070

마이칸 드릴 ② Mikan drill

장소 페인트 에어리어

 **목표**

'마이칸 드릴 ①'과 마찬가지로 '훅 슛'의 정확도를 높이기 위한 연습이다. 하지만 골을 등지고 실시하므로 링의 위치를 확인하기 어렵기 때문에 난이도가 높다.

▲ 골 밑에서 골을 등지고 공을 잡고 선다.

▲ 왼발을 크로스하여 내딛고 공을 들어 올린다.

순서

① 골 밑에서 공을 잡고, 골을 등지고 선다.
② 왼발을 크로스하여 첫 발을 내딛으며 점프해, 오른손으로 '훅 슛'을 한다.
③ 리바운드 볼을 잡으면서 곧이어 오른발을 크로스해 한 발 내딛는다.
④ 내디딘 오른발로 바닥을 차고 왼손으로 '훅 슛'을 한다. 이를 5회 정도 반복한다.

▲ 손바닥은 타깃을 향하고 오른손으로 '훅 슛'을 한다.

▲ 리바운드 볼을 잡으면서 반대로 오른발을 크로스하여 내딛고 동일하게 실시한다.

선수에게 골을 등지고 던지는 '훅 슛'은 골 밑에서 수비수를 등지고 있거나, 공격 리바운드를 잡은 직후에 사용하는 기술이다. 특히 키가 작은 선수가 키 큰 선수의 블록 아웃을 피할 때 효과적이다.

 지도자 MEMO

골을 등진 자세라서 눈을 치켜뜨고 골을 봐야하므로 처음에는 어렵게 느껴질 수도 있다. 하지만 어깨너머로 골을 볼 수 있게 되면 던지기가 쉬워진다. 슛은 백보드를 사용하면 더 쉽게 들어가므로 '윈도우(백보드의 사각형)의 어디를 맞히면 들어갈지'를 느낌으로 파악해야 한다.

제3장
포스트 플레이

Post play

포스트 플레이는 장신의 선수를 상대편 골대 밑에 배치하고
집중적으로 패스해 골을 넣는 플레이다.
그만큼 포지션 잡기부터 슛을 넣기까지의 신체 사용법이 중요하다.
확실하게 득점을 노릴 수 있는 자신만의 패턴을 만들어 익히자!

개인기 향상을 위하여 / 포스트 플레이

포스트 플레이의 기초 지식

1. 포스트 플레이의 개념

득점력을 높일 수 있는 제일선의 기점을 노린다

포스트 플레이란 '제일선에서 공격 기점을 만드는 플레이'를 총칭하는 말로 농구 외에도 축구나 핸드볼 등에서 사용된다. 농구에서는 페인트 에어리어 부근에서 골대와 수비수를 등진 상태로 공을 받아 슛이나 패스 등을 하는 공격 플레이를 말한다. 3점 슛에 대한 룰은 1985년 FIBA(국제농구연맹)에서 채택되었다. 그러면서 수비는 더 넓은 지역을 지켜야 하고, 인사이드로 공을 넣고 빼기가 쉬워져 포스트 플레이의 중요성은 더 높아졌다. 이제 포스트 플레이는 팀의 득점력을 높이기 위해 없어서는 안 될 요소가 된 것이다. 상황에 따라서는 키가 작은 선수라도 포스트 플레이를 할 필요가 있으며 팀 전원이 실시하는 것이 이상적이다.

로 포스트는 득점을 노리는 포지션이다

포스트 플레이는 그림에서 보는 바와 같이 공을 받는 위치에 따라 크게 '로 포스트, 미들 포스트, 하이 포스트' 3구역으로 나눌 수 있다.
'로 포스트'는 포스트 플레이 중에서도 가장 골과 가까운 위치이며 직접적으로 득점을 노리는 포지션이다. 당연히 수비수의 마크도 심해지므로 신체를 잘 활용하여 능숙하게 대응해 나가야 한다. '하이 포스트'는 패스가 강한 지역이다. 즉, 로 포스트가 '슛을 노려야 하는' 포지션이라면 하이 포스트는 '슛을 해도 좋은' 포지션이라 할 수 있다. 두 포지션에서 가장 득점으로 연결하기 쉬운 플레이는 골 밑으로 패스를 하는 '하이-로 플레이'이다. 또한 득점을 노리고 203쪽에서 설명할 '드라이브 인(골 밑으로 드리블해 파고 들어가는 것)'하는 것도 효과적이어서 상황에 따라 임기응변식으로 플레이해야 한다. '미들 포스트'는 로 포스트와 하이 포스트의 중간 위치이므로 상황에 따라 슛이나 패스를 할 수 있는 포지션이다.

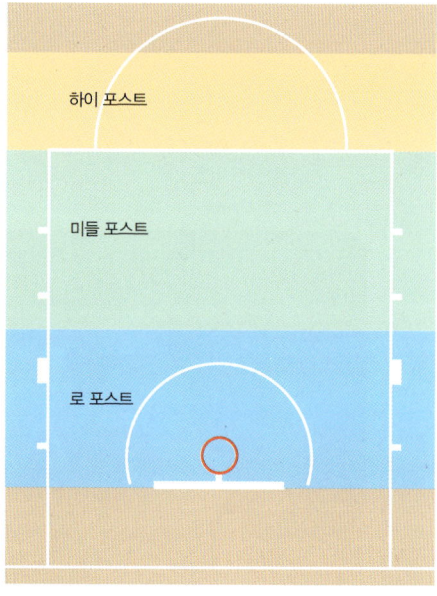

▲ 포스트 플레이의 지역은 3구역으로 나눌 수 있다.

2. 포스트 플레이의 포인트

포스트 플레이의 과정은 3단계로 나뉜다

포스트 플레이는 '실(Seal, 포지션 잡기) → 리시브(Receive, 공 받기) → 플레이(Play, 공을 받은 후 플레이)' 단계로 나뉜다. 이 동작을 위해서라면 신체 사용법이 무척 중요한데, 예를 들어 '실'에서는 '상대의 동작을 막을 수 있도록 팔꿈치를 편다'를 실행한다면, '리시브 → 플레이'에서는 '공을 잡은 후 상대로부터 먼 위치에서 공을 킵한다'와 같은 실행이 뒤따라야 하는 것이다. 본 장에서는 '실' 동작과 '리시브 → 플레이'의 대표적 동작인 '파워 리버스'를 소개한다.

▲ 실(포지션 잡기)　　▲ 리시브(공 받기)　　▲ 플레이(공을 받은 후의 플레이)

3. 연습 시의 주의사항

동작과 신체 사용법을 확실하게 익힌다

포스트 플레이에서는 기본적인 동작과 신체 사용법을 익히는 것이 중요하다. 패스를 받아 슛까지 몇 가지 패턴이 있지만 한 선수가 경기에서 사용할 수 있는 것은 두세 가지 정도이다. 아직 초보라면 확실히 득점할 수 있는 몇 가지 패턴을 확실히 익혀두고, 패턴이 철저히 봉쇄당했을 경우의 타개책으로 하나의 패턴을 더 준비해두는 것이 기본이다. 동작과 신체 사용법이 중요한 만큼 지도자는 '선수가 패턴을 정확하게 구사해 골을 넣는가'에 신경 써야 한다. 팀 전원이 포스트 플레이에 강하다면 공격 방법은 굉장히 다채로워진다. 그러므로 키가 작은 선수도 모두 포스트 플레이를 연습하는 것이 좋다. 또한 포스트 플레이를 어떻게 구사할지는 팀 전술로써 명확히 짜놓는 것을 권한다.

포스트 플레이의 주요 역할에는 '①스코어러(Scorer, 득점을 올리는 선수)', '②피더(Feeder, 공 처리하는 선수)', '③스크리너(Screener, 벽이 되어 상대를 블록 아웃하는 선수)'가 있으므로 무엇을 목적으로 포스트를 이용할 것인지를 생각해 전술적 가치를 높이자.

포스트 플레이

실(등 뒤에 있는 수비수 따돌리기) Seal

어깨가 발끝의 수직선상에 오도록 약간 앞으로 구부린 자세를 취한다

한 손으로도 패스를 받을 수 있도록 손바닥은 공을 향한다

엉덩이를 상대방의 허벅다리에 댄다

자신의 엉덩이를 상대방의 허벅다리에 댄다

포스트 플레이는 '실'부터가 시작이다. 즉, 포지션부터 잡아야 하는 것이다. 수비수를 블록 아웃하기 위해 몸을 사용하는 것이 '실'의 기본인데, 상대의 허벅다리에 자신의 엉덩이를 바싹 갖다 대 상대의 동작을 제한하는 것이 포인트이다. 그리고 이때 다리의 폭을 약간 넓게 벌리고 앞으로 구부린 자세를 취하는 것을 '파워 포지션'이라고 한다. 엄지발가락의 무지구에 체중을 실어 같은 팀의 패스에 빠르게 대응할 수 있도록 한다.

포스트 플레이

실(옆에 있는 수비수 따돌리기) Seal

수비수와 반대편에 있는 팔(타깃 핸드)을 옆으로 벌려 패스 코스를 알려 준다

수비수 쪽 팔을 들어 올려 팔꿈치를 뻗는다.

가볍게 무릎을 굽혀 중심을 낮춘다

로 포스트 부근에서는 몸을 윙 쪽으로 돌리는 것이 기본이다. 발은 프리스로 라인과 비슷한 위치가 된다.

팔꿈치를 뻗어 상대와의 거리를 확보한다

경기 중에 수비수가 옆에서 막는다면 무릎을 가볍게 굽혀 몸의 중심을 낮추고 수비수의 가슴에 팔꿈치를 대 거리를 확보하는 게 중요하다. 그리고 같은 팀이 패스를 잘 보낼 수 있도록 반대쪽 팔을 벌려 패스 코스를 알려 준다. 로 포스트 부근이라면 기본적으로 몸은 윙 쪽을 향하고, 발은 페인트 에어리어의 라인과 비슷한 위치에 둔다.

포스트 플레이

파워 리버스 Power reverse

수비수의 포지션을 확인한다

공을 받은 즉시 기본 자세를 취하고 상대를 블록 아웃하기 위해 팔꿈치를 뻗는다

수비수로부터 먼 쪽 발이 피벗 풋

Step 01 '실'로 패스를 유도하여 공을 받는다.

프리 풋을 피벗 풋 쪽으로 끌어당기며 턴한다

피벗 풋

Step 02 수비수로부터 먼 쪽 발을 피벗 풋으로 삼아 턴한다.

'실'에서의 키워드는 '3C'

'파워 리버스'는 로 포스트와 미들 포스트에서 수비수가 옆에서 마크할 경우, 공을 득점으로 연결시키기 위해 실행하는 기본 테크닉 중 하나이다. 확실하게 '실'을 했다면 동료에게 패스를 요청해 '리시브'한다. 그리고 패스를 받으면 바로 '기본 자세(20쪽)'를 취하고 상대를 블록 아웃하기 위해 팔을 뻗는다. 즉, '캐치(Catch, 공 잡기) → 친(Chin, 턱 근처로 공 끌어당기기) → 체크(Check, 수비수 위치 확인)'의 순서를 '3C'로 기억하면 된다. 그러고 나서 슛이나 패스, 드리블의 플레이로 연결한다.

높이 점프해서
확실하게 넣는다

프리 풋을 바닥에 끌지
않도록 하면서 골
방향으로 내딛는다

Step 03 프리 풋을 골 방향으로 내딛으면서 드리블을 시작한다.

Step 04 골 밑에 가까워지면 슛한다.

지도자 MEMO

'파워 리버스'는 수비수로부터 먼 쪽의 발을 피벗 풋으로 삼아 다른 한 발을 끌어당겨 공간을 만들고 스와이프(팔을 크고 세차게 흔드는 동작)로 공을 이동시킨다. 상체를 틀면서 전신의 동작에 힘을 주어 턴하는 기술을 익혀야 하는데, 익숙해질 때까지는 이 턴만 연습하는 것도 좋은 방법이다.

▶ 수비수에게 등을 보이고 있다는 사실을 의식하고 상체를 틀면서 전신에 힘을 주어 턴한다.

포스트 플레이

파워 리버스 → 범프 & 턴

중요도	★★★★★
난이도	★★★
장소	하프코트

목표 인사이드에서의 기본적인 공격 패턴을 연습한다. '파워 리버스' 시 정면에서 수비수가 드리블 코스를 막을 때 대처하는 공격법이다.

▲ Ⓐ는 로 포스트나 미들 포스트에서 '실' 한다.

▲ 패스를 받는다.

▲ 어깨너머로 Ⓑ의 움직임을 확인한다.

▲ 드리블로 전진하다 코스를 가로막는 상대에게 몸을 바싹 갖다 댄다.

▲ 상대에게 가까운 쪽 발을 피벗 풋으로 삼아 턴한다.

▲ 상대를 제치고 골 방향으로 향한다.

순서

① 슛을 하는 선수Ⓐ는 로 포스트나 미들 포스트에 포지션을 잡고, 수비수Ⓑ는 Ⓐ를 마크한다. 패스하는 선수Ⓒ는 윙에 포지션을 잡는다.
② Ⓐ는 Ⓒ에게 패스를 받아 '파워 리버스(110쪽)' 한 후 드리블하며 골로 향한다.
③ Ⓑ가 드리블 코스를 막으면 Ⓐ는 프리스로 라인 쪽으로 턴해 Ⓑ를 따돌리고 그대로 슛한다.

▲ '파워 리버스'로 골 방향으로 공격한다.

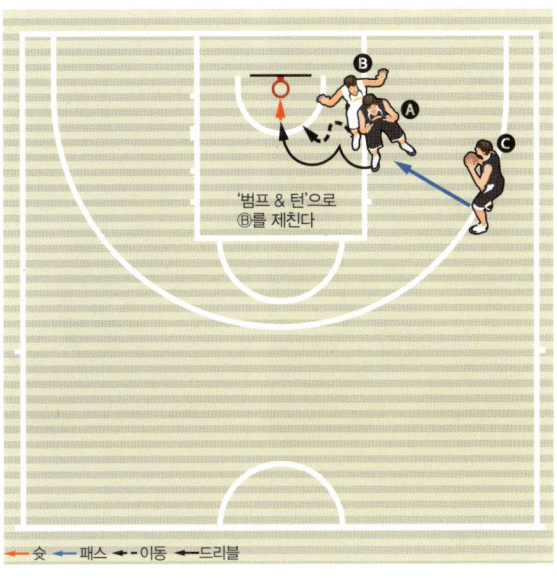

'범프 & 턴'으로 Ⓑ를 제친다

← 슛 ← 패스 ← 이동 ← 드리블

▲ 골 밑에서 '점프 슛'을 한다.

지도자 MEMO 로 포스트나 미들 포스트에서 패스를 받았을 때는 베이스라인 쪽에서 골로 향하는 것이 기본이다. 하지만 수비수도 당연히 그 플레이를 읽고 저지하려고 할 것이므로 이에 대응할 수 있는 기술을 익혀두어야 한다.

선수에게 골 부근의 지역과 인사이드에서는 끊임없이 상대와 접촉하게 된다. 골 확률이 높아 슛을 하려는 공격 측과 이를 저지하려는 수비 측의 생각이 같기 때문이다. 정면에서 수비수가 코스를 막아선다면 수비수에게 몸을 바싹 갖다 댄 후(범프) 턴하는 '범프 & 턴(93쪽)' 기술이 효과를 발휘한다.

NG 왼쪽 사진과 같이 몸을 이용해 수비수로부터 공을 지키면서 뒤로 도는 턴을 '롤(Roll)'이라고 한다. 153쪽에서 그 방법을 소개하겠지만, 공을 돌리지 말고 직선으로 끌어당기듯이 재빨리 턴해야만 상대에게 다시 마크당하지 않는다.

포스트 플레이

파워 리버스 → 페이스 업

중요도 ★★★★★
난이도 ★★★
장소 하프코트

목표 골 쪽을 보며 한번 '페이스 업' 해 베이스라인 쪽으로 수비수의 관심을 끈 후, 프리스로 라인 쪽을 공격한다. 수비수가 마크하려 하면 골 쪽으로 턴해 슛한다.

▲ Ⓐ는 로 포스트나 미들 포스트에서 패스를 받는다.

어깨너머로 수비수의 위치를 확인한다

▲ 어깨너머로 Ⓑ를 확인한다.

몸을 골 방향으로 향하고 골을 본다

▲ '파워 리버스'로 몸의 방향을 바꾼 후 골을 바라본다.

▲ Ⓑ를 확인하면서 골을 킵한다.

몸을 사용해 수비수로부터 공을 지키면서 턴한다

▲ Ⓑ가 코스를 막으면 베이스라인 쪽으로 턴한다.

슛으로의 전환은 자연스럽게

▲ 골 방향으로 돌았다면 즉시 슛 자세로 들어간다.

순서

① 슛을 하는 선수Ⓐ는 로 포스트나 미들 포스트에 포지션을 잡고 수비수Ⓑ는 Ⓐ를 마크한다. 패스하는 선수Ⓒ는 윙에 포지션을 잡는다.
② Ⓐ는 Ⓒ에게 패스를 받은 뒤 '파워 리버스(110쪽)'로 몸의 방향을 바꾼다. 그 후 '페이스 업' 하고 나서 드리블로 프리스로 라인 방향으로 향한다.
③ Ⓑ가 드리블 코스를 막으면 Ⓐ는 골 쪽으로 턴해 Ⓑ를 따돌리고 그대로 슛한다.

수비수로부터 먼 쪽의 손으로 드리블한다

▲ 프리스로 라인 쪽으로 드리블한다.

Ⓑ가 코스를 막으면 턴한다

'페이스 업' 후에 프리스로 라인 쪽으로 드리블한다

←슛 ←패스 ←이동 ←드리블

 지도자 MEMO
'페이스 업'이란 몸을 골 방향으로 마주하고 얼굴을 들어 골을 보는 것이다. 이렇게 함으로써 수비수와의 밀고 당기기에서 우위를 점할 수 있다.

▲ 골 밑에서 '점프 슛'을 한다.

선수에게 공격수는 스텝을 잘 밟아 골 가까이에서 성공률이 높은 슛으로 연결해야 한다. 이러한 환경을 만들기 위해서는 수비수의 자세를 무너뜨리는 전략과 심리적으로 우위에 서는 것이 중요하다. 마음을 읽는 것이라고 해도 좋겠다.

NG 수비수의 자세를 무너뜨리기 위해서는 상대를 속이는 동작, 즉 '페인트모션'이 필요하다. 이런 페인트모션을 좀 더 효과적으로 사용하기 위해서는 동작을 빠르게 하는 등의 의외로 체력적인 요소도 많이 필요하다. 그러므로 훈련이 고되다고 해서 피해서는 안 된다. 강도 높은 훈련도 적극적으로 임하자.

포스트 플레이

프로그램 073

지노빌리 스텝 Ginobili step

중요도 ★★★★★
난이도 ★★★
장소 하프코트

목표

수비수가 등 뒤에 있을 경우에는 골에서 먼 쪽의 발을 첫 발로 해서 넓은 보폭의 스텝을 힘차게 내딛어 슛을 던진다. 이 스텝을 익혀두면 수비수를 쉽게 따돌릴 수 있는 강력한 무기가 된다.

어깨너머로 상대를 확인한다

몸을 사용해 공을 킵한다

1~2회 드리블하며 어깨너머로 상대의 반응을 살핀다

드리블은 골에서 먼 쪽 손으로 한다

▲ Ⓐ는 로 포스트나 미들 포스트에서 공을 받는다.

▲ 프리스로 라인 쪽으로 1~2회 드리블하며 상대의 반응을 살핀다.

지도자 MEMO

아르헨티나가 자랑하는 스코어러인 마누 지노빌리(Emanuel David Ginobili)의 힘찬 스텝을 '지노빌리 스텝'이라고 부른다. 수비수가 밀어내려고 해도 수비수의 몸에 밀착한 상태를 유지한 채 크게 스텝을 밟아 골로 향하며 확실하게 볼을 킵해 슛으로 연결하는 것이다. 프리스로 라인 쪽에서 드리블하여 골로 갈 수 있다고 판단되면 이 스텝을 사용해 슛으로 연결해보자.

순서

① 슛을 하는 선수Ⓐ는 로 포스트나 미들 포스트에 포지션을 잡고 수비수Ⓑ는 Ⓐ를 마크한다. 패스하는 선수Ⓒ는 윙에 포지션을 잡는다.
② Ⓐ는 Ⓒ에게 패스를 받는다.
③ Ⓐ는 등 뒤에 포지션을 잡고 있는 Ⓑ를 확인하며 프리스로 라인 쪽으로 1~2회 드리블하다가 코스가 열려 있으면 드리블하다가 슛한다. 이때 스텝은 크고 힘차게 내딛는다.

▲ 보폭이 넓은 스텝으로 골 방향으로 전진한다.

▲ 상대를 뿌리친 후 그대로 슛을 넣는다.

> **선수에게** '지노빌리 스텝'은 포스트 플레이에서뿐만 아니라 윙에서 '드라이브 인(203쪽)'하는 경우에도 사용된다. 지노빌리는 골 밑으로 들어갈 때 마치 럭비선수처럼 공을 겨드랑이 밑에 꼈는데, 수비수가 밀집해 있는 지역에서 공을 빼앗기지 않기 위해서였다. 스텝에서 슛까지 능숙하게 연결하는 테크닉도 반드시 따라해보길 바란다.

포스트 플레이

프로그램 074 지노빌리 스텝 → 스톱 & 턴 슛

중요도 ★★★★★
난이도 ★★★
장소 하프코트

목표 '지노빌리 스텝'을 활용해 득점을 올리는 응용편이다. 수비수가 따라붙는다고 판단되면 빠르고 확실하게 스톱한 후 턴하여 슛한다.

어깨너머로 수비수의 위치를 확인한다

▲ Ⓐ는 로 포스트나 하이 포스트에서 공을 받는다.

스텝을 크고 힘차게 밟는다

▲ 프리스로 라인 쪽으로 '지노빌리 스텝'을 밟는다.

▲ Ⓑ가 코스를 막으면 미리 스톱 동작을 생각한다.

▲ 한쪽 발을 피벗 풋으로 삼아 턴한다.

몸을 사용해 수비수로부터 먼 위치에 공을 킵한다

▲ 몸의 측면이 골을 향하도록 하여 슛 자세에 들어간다.

▲ 공을 높이 들어 올린다.

순서

① 슛을 하는 선수Ⓐ는 로 포스트나 미들 포스트에 포지션을 잡고 수비수Ⓑ는 Ⓐ를 마크한다. 패스하는 선수Ⓒ는 윙에 포지션을 잡는다.
② Ⓐ는 Ⓒ에게 패스를 받아 프리스로 라인 방향으로 드리블한다. 그리고 Ⓑ를 유인하듯이 '지노빌리 스텝(116쪽)'으로 크고 힘차게 나아간다.
③ Ⓑ가 반응을 보이면 Ⓐ는 스톱한 후 회전 반경이 작은 턴을 해 슛한다.

▲ 드리블을 멈추고 급하게 멈춘다.

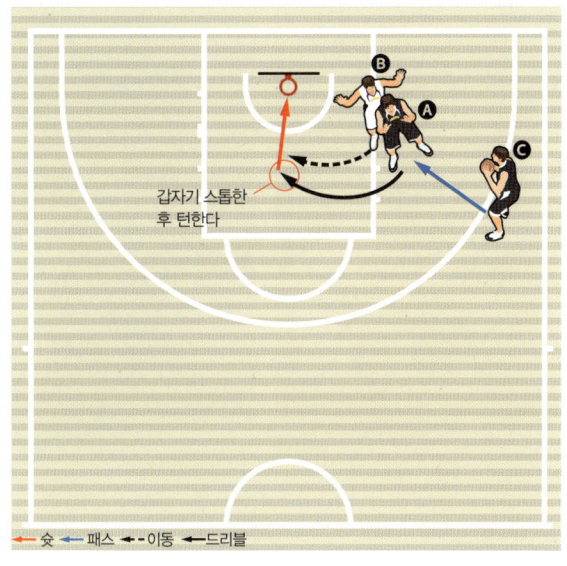

갑자기 스톱한 후 턴한다

← 슛　← 패스　←– 이동　← 드리블

▲ '점프 훅 슛'의 요령으로 공을 릴리스한다.

지도자 MEMO　'지노빌리 스텝'에서 슛으로 들어가려고 할 때 수비수가 동작을 예측하고 있다고 판단되면, 스텝을 크게 내딛어 유인해 대응하게 만든다. 그 후 급하게 스톱한 후 턴하여 슛으로 연결하면 수비수를 따돌릴 수 있다.

선수에게　'지노빌리 스텝'을 성공시키는 포인트 중 하나는 '킵 콘택트(keep contact)'다. 즉, 몸을 밀착시킨 채 상대와의 공간을 만들지 않고 골로 향하는 것이다. 대부분 블록 아웃하기 어려운 '훅 슛'으로 연결된다. 수비수도 슛을 막기 위해 대응하므로 이런 의외적인 플레이가 필요하다.

포스트 플레이 | 중요도 ★★★
프로그램 075 | 난이도 ★★★★
| 장소 하프코트

지노빌리 스텝 → 페이드 어웨이 숏

목표 '지노빌리 스텝'으로 골로 향하다가 자세를 뒤로 기울여 '점프 숏'을 한다. 수비수에게 블록 아웃당하지 않도록 뒤로 물러서며 숏하는 방법을 익힌다.

▲ Ⓐ는 로 포스트나 하이 포스트에서 공을 받는다.

▲ 프리스로 라인 쪽으로 1~2회 드리블하며 반응을 살핀다.

▲ '지노빌리 스텝'을 이용해 골로 향한다.

▲ '점프 숏' 자세로 들어간다.

▲ 자세를 약간 뒤로 기울여 뒤로 점프한다.

▲ 동작을 멈추지 말고 그대로 팔꿈치를 편다.

순서

① 슛을 하는 선수Ⓐ는 로 포스트나 미들 포스트에 포지션을 잡고 수비수Ⓑ는 Ⓐ를 마크한다. 패스하는 선수Ⓒ는 윙에 포지션을 잡는다.
② Ⓐ는 Ⓒ에게 패스를 받아 프리스로 라인 쪽으로 드리블한다. 이때 스텝은 크고 힘차게 밟는다.
③ Ⓑ가 '무빙 훅 슛(62쪽)' 등의 슛을 예측하고 있다고 판단되면 Ⓐ는 Ⓑ의 측면에서 스톱한 후 '페이드 어웨이 슛'을 한다.

▲ Ⓑ가 슛을 예측하고 있다고 느끼면 멈춘다.

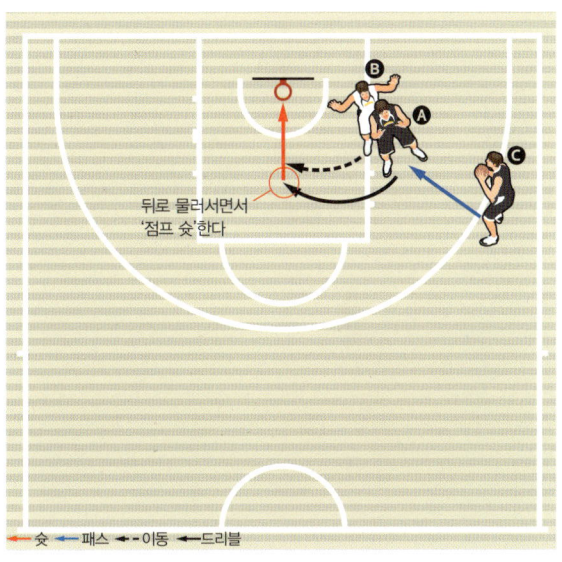

▲ '점프 슛'의 요령으로 공을 릴리스한다.

지도자 MEMO '페이드 어웨이 슛'이란 자세를 약간 뒤로 기울여 물러서며 던지는 '점프 슛'을 말한다. 여기서의 포인트는 수비수와의 간격을 두기 위해 두 발을 연결한 선이 상대와 수직 혹은 골과 방사형을 이루도록 하는 것이다.

응용 '페이드 어웨이 슛'에 수비수가 반응을 보인다고 판단되면 슛을 하는 척하면서 수비수의 측면을 빠져나가 슛을 하는 방법이 효과적이다. 이 플레이를 '업 & 언더'라고 한다.

선수에게 '페이드 어웨이 슛'은 어려운 기술이지만 반드시 도전해야 할 기술이다. '페이드 어웨이 슛'의 장점은 공격 시간이 제한적이고 수비수에게 심하게 마크당하고 있을 때에도 블록 아웃을 피할 수 있다는 점이다. '점프 슛'의 기본은 점프한 지점에 착지하는 것이다. 하지만 동작을 확실하게 할 수 있게 되면 다양한 기술에도 도전해보자.

포스트 플레이

프로그램 076 턴 어라운드 점프 슛

중요도 ★★★
난이도 ★★★
장소 페인트 에어리어

목표 양 사이드에 놓여 있는 공을 주워 턴한 뒤 '점프 슛'을 한다. 골 결정력과 함께 체력 향상에도 도움이 된다. 달려오다가 확실히 멈추는 것이 중요하다.

←-이동

순서

① 2개의 공을 각각 양 사이드의 뉴트럴 존 위에 놓는다. 슛을 하는 선수Ⓐ와 리바운드 볼을 잡아 공을 원래 자리에 세팅하는 선수Ⓑ는 각각 그림과 같이 포지션을 잡는다.

② Ⓐ는 낮은 자세로 공을 잡고 턴해서 '점프 슛(56쪽)'을 한다. Ⓑ는 공을 주워 원래 자리에 세팅한다.

③ Ⓐ는 슛을 한 후 반대 사이드로 가서 마찬가지로 놓여 있는 공을 주워 '점프 슛' 한다. 이를 1분 간 혹은 각 사이드에서 5개씩 반복한다.

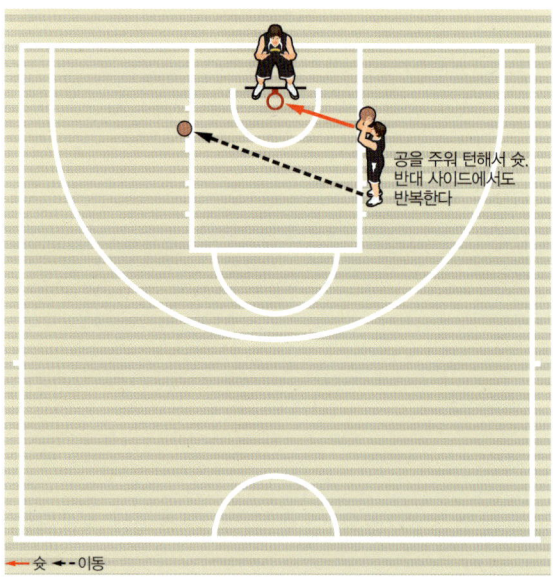

공을 주워 턴해서 슛. 반대 사이드에서도 반복한다

← 슛 ←-이동

응용 슛을 하는 선수 이외에 3명 이상의 선수가 있으면 좀 더 자연스럽게 연습할 수 있다. 그럴 경우 리바운드를 하는 사람은 공을 주운 뒤 양 사이드의 뉴트럴 존 부근에 있는 선수들에게 패스하여 공을 원 위치에 놓게 한다. 또한 슛을 하는 선수는 공을 주운 뒤 바로 '점프 슛'을 하는 것이 아니라 드리블하는 등의 패턴을 도입해도 좋다.

지도자 MEMO 골을 향해 등을 돌린 채 두 발로 '점프 스톱(22쪽)'하여 공을 주운 뒤, 바로 '점프 슛(56쪽)'으로 들어간다. 턴의 방향은 좌우 모두 익힐 수 있도록 의식해서 연습한다.

포스트 플레이

중요도 ★★★★★
난이도 ★★

베이스라인에서의 포스트

프로그램 077

장소 페인트 에어리어

목표 몸을 베이스라인 쪽으로 돌리고 서서 패스를 받는 '베이스라인 포스트'에서의 득점 패턴을 익히도록 하자. 이 동작은 베이스라인 쪽의 포지션 잡은 상태에서 성공했을 때 효과적이며 가장 득점으로 연결되기 쉬운 플레이다.

베이스라인 쪽을 향해 포지션을 잡는다
베이스라인과 평행

▲ Ⓐ는 '실'을 하며 공을 요청한다.   ▲ 공을 확실하게 잡는다.

순서

① 슛을 하는 선수Ⓐ는 로 포스트에 포지션을 잡고 수비수Ⓑ는 Ⓐ를 마크한다. 패스하는 선수 Ⓒ는 윙에 포지션을 잡는다.
② Ⓐ는 Ⓒ에게 패스를 받아 드리블해 베이스라인 쪽에서 골로 다가간다.
③ Ⓐ는 그대로 슛으로 들어간다.

몸을 사용해 수비수로부터 먼 위치에서 공을 킵한다

▲ 드리블하며 골로 향한다.   ▲ 골 밑에서 '점프 슛' 한다.

선수에게 '베이스라인 포스트'와 같이 포지션을 잡고 슛을 쏜다면 이상적이지만, 상대의 덩치가 크고 골 쪽에서 수비해 올 때는 본 동작을 적용하기 어렵다. 그래서 몸의 방향은 109쪽에서 소개한 바와 같이 윙을 향하는 것이 기본이다. 하지만 공격 패턴은 다양할수록 좋으니 기본을 익혀 다양하게 기술을 활용할 수 있도록 하자.

지도자 MEMO 여기서는 '슬라이드 스텝(26쪽)'에 맞춰 드리블하며 이동한다. 자세가 옆걸음, 혹은 게걸음과 비슷하다고 해서 '크랩 드리블'이라고도 한다. 스텝을 내딛는 방향은 골 방향보다 오히려 자신의 뒤쪽이 효과적인 경우도 많다. 수비수의 움직임을 봉쇄할 수 있기 때문이다. 이렇게 뒤쪽으로 밟는 스텝은 '드롭 스텝'이라고 한다.

포스트 플레이

프로그램 078 하이 포스트에서의 파워 리버스

중요도 ★★★
난이도 ★★★
장소 하프코트

 목표
로 포스트에서 하이 포스트로 이동해 공을 받아 드리블해 득점을 올린다. 포스트 플레이로 득점률을 높이기 위해 실제처럼 연습하자.

▲ Ⓐ, Ⓑ, Ⓒ는 각각 사진의 위치에 서서 시작한다.

패스를 받은 후 '점프 스톱'으로 멈춰선 후 '백 턴' 한다

▲ Ⓐ는 하이 포스트에서 공을 받아 '파워 리버스'로 골 방향으로 향한다.

몸을 사용해 Ⓑ에서 먼 위치에서 공을 킵한다.

▲ 드리블하며 골로 향한다.

▲ 골 밑에서 슛한다.

순서

① 슛을 하는 선수Ⓐ와 수비수Ⓑ는 로 포스트 부근에, 패스하는 선수Ⓒ는 톱에 포지션을 잡는다.
② Ⓐ는 하이 포스트를 향해 달려가 Ⓒ가 주는 패스를 '점프 스톱(22쪽)'으로 받는다.
③ Ⓐ는 패스를 받은 후 '백 턴(24쪽)' 하여 골 방향으로 스텝을 밟으며 그대로 드리블해 슛한다.

 지도자 MEMO
로 포스트에서 하이 포스트로 이동하여 공을 받는 상황은 경기에서 흔히 있는 일이다. 이런 상황에서 득점으로 연결시키기 위해서는 공을 받은 후 턴을 빠르게 하는 것이 포인트다. 상황에 따라서는 '프런트 턴(24쪽)'을 해도 좋다.

포스트 플레이

프로그램 079
슛 페인트모션 → 드라이브 인

중요도 ★★
난이도 ★★★
장소 하프코트

목표 '하이 포스트에서의 파워 리버스'를 발전시킨 형태로, 공을 받은 후 '페이스 업'으로 슛하는 척하다가 '드라이브 인'으로 상대를 제친다.

▲ Ⓐ는 로 포스트에서 하이 포스트로 이동하여 패스를 받는다.

▲ 패스를 받은 후 '백 턴' 하여 골 방향으로 향한다.

순서

① 슛을 하는 선수Ⓐ와 수비수Ⓑ는 로 포스트 부근에, 패스하는 선수Ⓒ는 톱에 포지션을 잡는다.
② Ⓐ는 하이 포스트를 향해 달려가 Ⓒ가 주는 패스를 '점프 스톱(22쪽)'으로 받는다.
③ Ⓐ는 패스를 받은 후 '페이스 업'하여 슛하는 척한다. Ⓑ의 중심이 흔들리면 드리블로 제치고 슛한다.

▲ 공을 들어 올려 Ⓑ의 자세를 무너뜨린다.

▲ 곧바로 드리블하며 골 밑으로 파고 들어가 슛한다.

지도자 MEMO 슛을 하는 것처럼 공을 들어 올려 수비수의 자세를 무너뜨리는 슛 페인트모션은 단순하지만 효과적이다. 공을 움직이는 '볼 페인트모션'과 더불어 시선으로 상대를 유인하는 '아이 페인트모션', 머리의 움직임으로 상대를 속이는 '헤드 페인트모션'도 함께 섞기 때문에 수비수의 중심이 흔들리게 된다.

포스트 플레이

볼런터리 Voluntary

중요도 ★★
난이도 ★★★
장소 페인트 에어리어

목표 | 골 밑에서 백스핀을 걸어 공을 던져 올린 뒤, 공중에서 잡아 슛으로 연결한다. 다양한 스텝과 슛 기술을 사용한다.

▲ 골 밑에서 프리스로 라인 부근으로 공을 던져 올린다.

▲ 공중에서 공을 캐치하여 '점프 스톱'으로 멈춘다.

순서

① 골 밑에서 공을 잡고 선다.
② 공에 백스핀을 걸어 위로 던진다. 프리스로 라인 근처로 바운드시키는 것이 좋다.
③ 바운드한 공을 공중에서 잡아 '점프 스톱(22쪽)'으로 멈춘다.
④ 다양한 스텝과 턴을 구사하여 슛한다(원 드리블을 해도 좋다). 이를 양 사이드 합쳐서 10개의 슛을 넣을 때까지 반복한다.

▲ 골 방향으로 턴하여 슛을 노린다.

▲ 골 밑에서 슛한다.

선수에게 이 연습을 통해 '파워 리버스(110쪽)', '지노빌리 스텝(116쪽)', '훅 슛' 등의 동작 자세를 확인하자. 수비수가 있다고 가정하고 연습하면 더 효과적이다.

지도자 MEMO | 우선 공을 공중에서 캐치하여 '점프 스톱(22쪽)'으로 멈추고 '3C의 원칙(110쪽)'을 지켜 올바른 자세를 취하는 것이 포인트다. 그렇게 하면 수비수는 좌우 어느 쪽 발을 먼저 내딛게 될지 알아채지 못해 대응하기 어려워진다. 바꿔 말하자면 두 발을 번갈아 착지하는 '스트라이드 스톱(23쪽)'을 하면 수비수에게 플레이를 쉽게 읽히게 된다는 뜻이다.

포스트 플레이

| 중요도 | ★★ |
| 난이도 | ★★★ |

프로그램 081 포스트에서 아웃사이드로의 패스

장소 하프코트

목표
포스트 맨(포스트 플레이를 하는 선수)이 패스를 전개할 수 있도록 하는 팀 연습이다. 포스트에서 아웃사이드로 패스하는 동작을 익혀두면 효과적인 팀 공격을 할 수 있다.

▲ 선수들은 각각 사진의 위치에서 시작한다.

▲ Ⓐ는 Ⓑ에게 패스를 주고 바로 움직인다. (패스를 받을 때는 '점프 스톱')

▲ Ⓑ는 패스를 받은 후 Ⓐ에게 패스를 돌려준다. (공을 캐치한 후 리턴 패스한다 / 패스한 후 즉시 움직인다)

▲ Ⓐ는 Ⓑ가 돌려준 패스를 받아 슛한다.

순서

① 포스트 플레이를 하는 공격수Ⓐ는 포스트 에어리어 아무 곳, 아웃사이드의 공격수Ⓑ는 윙에 포지션을 잡는다. Ⓐ가 공을 잡고 수비수Ⓒ, Ⓓ는 각각 Ⓐ와 Ⓑ를 마크한다.
② Ⓐ는 Ⓑ에게 패스하고 Ⓑ를 마크하고 있는 수비수의 움직임에 따라 이동한다. 위의 사진에서는 즉시 톱으로 이동하고 있다.
③ 패스를 받은 Ⓑ는 Ⓐ에게 다시 패스한다.
④ Ⓐ는 슛으로 연결한다.

지도자 MEMO
포스트 플레이에서 패스를 받은 포스트 맨은 욕심을 내서 득점을 노리는 자세가 중요하다. 하지만 패스를 잘 처리하는 것도 공격법 중 하나라는 것을 잊어서는 안 된다. 상황에 따라 플레이하자. 인사이드에서 아웃사이드로 패스를 전개하는 이러한 공격법을 '인사이드 아웃'이라고 한다. 포스트 플레이를 하는 선수는 골만 겨냥하지 말고 아웃사이드로의 패스도 생각하는 것이 좋다.

Column About the Basketball

포스트 플레이의 포지션 잡기
두 가지 스텝을 사용해 포지션을 잡는다

포스트 플레이는 '실(Seal, 포지션 잡기) → 리시브(Receive, 공 받기) → 플레이(Play, 공을 받은 후 플레이)'라는 흐름을 가지고 있는데, '실'은 움직이면서 상대를 따돌려 유리한 포지션을 잡는 것이 목적이다. 그 대표적인 동작 중에 하나가 바로 '스텝 스루(Step through)'다. 골 방향으로 한 번 발을 내딛어 수비수를 움직이게 만든 다음, 앞발과 팔을 동시에 수비수의 몸 앞으로 미끄러지듯 들이밀어 포지션을 잡는 것이다. 날쌘 동작으로 발과 팔의 방향을 바꿔 내디딘 앞발을 수비수의 허벅다리에 갖다 대는 것이 중요하다.

'피벗 컷(Pivot cut)' 기술도 익혀두면 포지션을 좀 더 쉽게 잡을 수 있다. 이것은 자신을 마크하고 있는 수비수와 마주 본 상태에서 실시하는 플레이로, 한 발을 앞으로 내딛어 수비수의 허벅다리 사이에 끼우고 몸을 수비수에게 갖다 댄 뒤, 내딛은 발을 피벗 풋으로 삼아 '백 턴' 하면서 수비수 앞으로 포지션을 잡는 동작이다.

스텝 스루
골 방향으로 한 번 발을 내딛은 후 재빨리 방향을 바꿔 앞발과 팔을 수비수 앞으로 미끄러지듯 들이밀어 포지션을 잡는다.

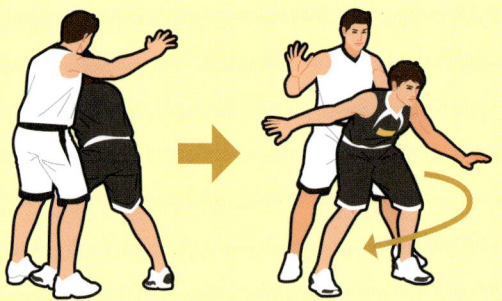

피벗 컷
한 발을 내딛어 수비수의 허벅다리 사이에 끼우고, 끼운 발을 피벗 풋 삼아 '백 턴'을 하면서 수비수 앞으로 포지션을 잡는다.

제4장
드리블
Dribble

드리블을 잘하는 방법은 공을 눈으로 보지 않고 할 수 있을 때까지 연습하는 것이다.
드리블의 방향과 스피드를 자유자재로 조절할 수 있으면 큰 무기가 된다.
경기 중에는 공간을 의식하며 명확한 의도를 가지고 드리블하자.

개인기 향상을 위하여 / 드리블

드리블의 기초 지식

1. 드리블의 개념

명확한 의도를 가지고 드리블한다

농구에서는 세련되지 않은 팀일수록 드리블을 많이 한다는 말이 있다. 드리블은 양날의 칼과 같아서 선수의 정확한 드리블은 국면을 타개하거나 결정적인 슛 찬스를 연출하지만, 이유가 없는 드리블은 오히려 플레이를 무너뜨리기도 한다. 즉, 드리블은 의도를 가지고 필요할 때에만 해야 비로소 무기가 된다.

드리블이 효과적인 상황을 파악한다

드리블은 어떤 상황에 사용할까? 드리블의 효과적인 상황을 알아보자.

① 공을 프런트 코트로 가져갈 때
공을 옮길 때 실수 없이 빠르게 전진하기 위함이다. 하지만 상대에게 공을 빼앗기면 경기가 제대로 진행되지 않는다.

② 패스 앵글을 바꿀 때
수비수가 패스 코스를 가로막고 있을 경우에 드리블로 이동해 패스 코스를 만든다.

③ 위험한 장소에서 벗어날 때
2명의 수비수에게 마크당하고 있거나, 코너와 같은 위험한 곳에서 벗어날 때 사용한다.

④ 공격 사이드를 바꿀 때
공격하고 있는 좌우 사이드를 바꿀 때나 아웃사이드에서 인사이드로 전개할 때 사용한다.

⑤ 갭(수비의 빈틈)을 찌를 때
상대팀이 지역방어를 할 때 효과적이다. 빠른 드리블로 수비 공간의 빈틈을 뚫고 득점으로 연결시킬 수 있다.

⑥ 드라이브 인을 할 때
1 대 1로 마크당하고 있다면, 드리블을 이용해 수비수를 따돌려 득점으로 연결시킬 수 있다. 이때는 처음 바닥에 치는 공을 빠르고 강하게 해야 한다.

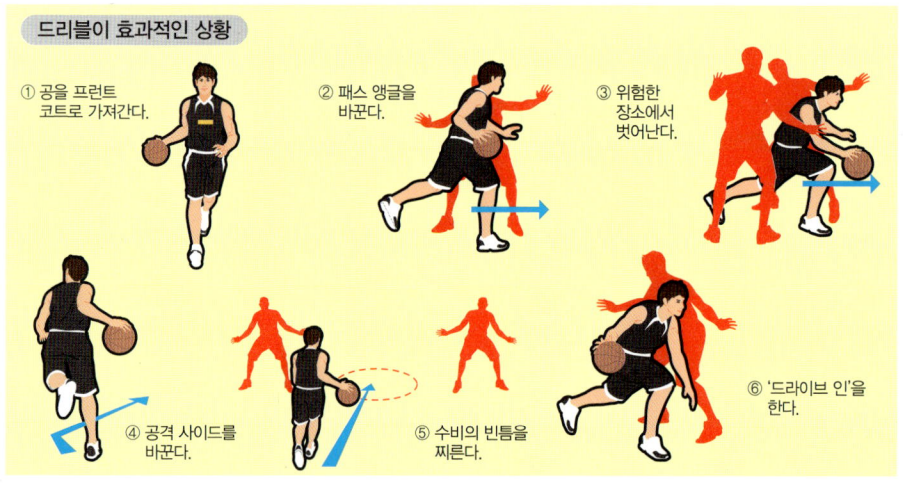

드리블이 효과적인 상황

① 공을 프런트 코트로 가져간다.
② 패스 앵글을 바꾼다.
③ 위험한 장소에서 벗어난다.
④ 공격 사이드를 바꾼다.
⑤ 수비의 빈틈을 찌른다.
⑥ '드라이브 인'을 한다.

드리블로 공간을 만든다

같은 팀끼리도 공간이 너무 좁으면 플레이를 하기 힘들다. 이때 드리블로 이동하면 적당한 공간을 만들 수 있다. 또한 공간을 찌르는 과감한 드리블은 좋은 공격 무기가 되기도 한다. 드리블의 기본은 같은 팀과의 거리, 수비의 빈틈 등을 전체적으로 관찰하면서 공간을 활용하는 것이다. 특히 미들 레인지에서는 상대와의 거리가 멀면 슛, 가까우면 드리블로 국면을 타개해 나간다면 득점 패턴을 늘릴 수 있다.

2. 드리블의 포인트

드리블하는 동안에는 공을 보지 않는다

본 장의 〈기술 해설〉 페이지에서는 드리블의 기본이자 천천히 공격을 전개할 때 사용하는 '컨트롤 드리블'과 상대를 따돌릴 때 사용하는 '페니트레이트 드리블'을 소개한다. 경기에서 드리블을 효과적으로 사용하기 위해서는 기본적으로 공을 보지 않고 드리블할 수 있어야 한다. 그리고 기술 향상을 위해서는 풋워크와 얼마나 연동시킬 수 있느냐가 관건이므로 공 조작과 발의 움직임을 일체화시키도록 하자.

경기에서는 '체인지 오브 페이스(스피드에 변화를 주는 것)'와 '체인지 오브 디렉션(방향에 변화를 주는 것)'이 중요한 키워드이다. 방향과 스피드를 빨리 변화시키도록 훈련한다.

▲ 드리블은 공을 보지 않는 것이 기본이다.

3. 연습 시 주의사항

동작과 신체 사용법을 확실하게 익힌다

드리블은 적게 하는 것이 좋다. 그러므로 팀 전원이 반드시 목적의식을 가지고 드리블을 할 수 있도록 연습하자. 보통 포인트 가드 선수만 드리블을 구사하는 팀이 많은데, 모든 선수들이 수준 높은 드리블을 구사하는 것이 가장 이상적이다.

드리블

컨트롤 드리블(프리일 경우)

- 얼굴을 든다
- 코트 전체를 훑어보듯이 시선을 멀리 둔다
- 가볍게 앞으로 기울인 자세로 등줄기를 편다
- 가볍게 무릎을 굽혀 중심을 낮춘다
- 공을 옆에서 친다

NG
몸 앞에서 공을 치면 수비수에게 빼앗길 가능성이 높아진다.

공은 몸의 옆쪽에서 친다

'컨트롤 드리블'은 모든 드리블의 기본이 되는 드리블이다. 경기 중에는 자신을 마크하고 있는 선수가 먼 곳에 있을 때, 그리고 주위를 둘러보며 공격을 재개할 때 사용한다. 드리블의 기본 자세는 공을 보지 않고, 얼굴을 들고, 몸의 중심을 낮추는 것이다. 그리고 공은 몸의 옆쪽으로 쳐야 한다.

드리블

 ## 컨트롤 드리블(마크당하고 있을 경우)

- 얼굴을 든다
- 코트 전체를 훑어보듯이 시선은 멀리 둔다
- 가볍게 앞으로 기울인 자세로 등줄기를 편다
- 수비수 쪽의 팔은 들고 팔꿈치를 굽혀 공을 지킨다
- 가볍게 무릎을 굽혀 중심을 낮춘다
- 수비수로부터 먼 곳에서 공을 친다

NG
등줄기를 펴지 않으면 자세가 앞으로 너무 기울어져 재빨리 다음 플레이를 펼칠 수 없다.

몸을 옆으로 돌리고 팔을 든다

자신을 마크하고 있는 수비수가 거리를 좁혀 오는 경우에는 공을 빼앗기지 않도록 몸을 옆으로 돌리고 드리블하지 않는 팔로 수비수를 견제한다. 그리고 얼굴을 들어 주위 상황을 파악하고, 무릎을 가볍게 굽혀 중심을 낮춘다. 이 자세로 공을 킵하고 상대가 취하는 행동에 따라 슛이나 패스, 드라이브 인 등 다음 플레이로 재빨리 전환한다.

드리블

페니트레이트 드리블 Penetrate dribble

Step 01 공을 좌우로 이동시키면서 수비의 빈틈을 노린다.

첫 발을 크게 내딛는다

Step 02 보폭이 큰 스텝으로 발을 내딛어 드리블을 시작한다.

빠르고 강한 드리블로 찬스를 만든다

'페니트레이트 드리블'은 빠르고 강한 드리블로 수비수를 따돌릴 때 사용한다. 그대로 돌파해 '드라이브 인(203쪽)'으로 연결해도 좋다. '페니트레이트 드리블'의 포인트는 원 드리블 시 공을 강하게 치면서 첫 발과 두 번째 발을 힘차게 내딛는 것이다. 상체를 틀어 등을 수비수와 부딪친다는 생각으로 하면 된다.

물론 공을 보지 않고 드리블해야 하는 것은 기본이다. 드리블이라고 하면 가드 선수에게 필요한 테크닉이라고 생각하기 쉽지만 요즘은 모든 포지션에 요구된다. '드라이브 인'을 참고로 하여 상대를 내버리고 간다는 감각을 익히자.

상체를 틀어 등을 돌리고 어깨를 상대의 허리에 갖다 댄다는 느낌으로 빠져나간다

공을 강하게 치고 나간다

Step 03 낮은 자세를 유지한 채 두 번째 발을 내딛는다.

시선을 위로 하고 공을 보지 않는다

낮은 자세를 유지한다

Step 04 그대로 스피드를 실어 수비수를 완전히 따돌린다.

지도자 MEMO

'페니트레이트 드리블'에서는 무엇보다도 첫 번째 발과 두 번째 발이 중요하다. 드리블을 시작하는 순간에 승부가 결정되는 기술이라고도 할 수 있다. 그리고 공은 앞으로 밀어내듯 쳐야 하는데, 이때 공을 옆으로 치면 스피드가 잘 붙지 않아 수비수의 수비에 걸리는 등 드리블 실패로 이어질 수 있으니 주의한다.

▶ 공을 옆으로 치고 나가면 스피드가 잘 붙지 않는다.

NG

드리블	중요도 ★
	난이도 ★

프로그램 082

검지를 이용한 드리블

📍 장소 어디에서나 가능

목표 손가락의 패드만으로 드리블이 가능하도록 감각을 키운다.

▲ 한 자리에서 검지 하나로 드리블한다.

▲ 공은 검지의 패드로 친다.

순서

① 공을 잡고 선다.
② 선 자리에서 검지의 패드(첫 번째 마디의 불룩한 부분)만 가지고 드리블한다.

지도자 MEMO 혼자서 할 수 있는 드리블 훈련이다. 패드로 공을 치는 감각을 키우는 것이 목표이므로 무리해서 공을 세게 칠 필요는 없다. 오른손으로 가능해지면 같은 방법으로 왼손도 도전해보자.

드리블	중요도 ★
	난이도 ★

프로그램 083

다섯손가락 드리블

📍 장소 어디에서나 가능

목표 검지를 이용해 패드로 공을 치는 감각을 익혔다면 다섯손가락의 패드로 공을 쳐 실제 드리블에 가깝게 연습한다. 공을 손가락으로 집는 듯한 느낌으로 친다.

▲ 자리에 서서 손가락의 끝으로만 드리블한다.

순서

① 공을 잡고 선다.
② 선 자리에서 손가락의 끝의 패드를 사용해서 드리블한다.

지도자 MEMO 손가락의 패드로 공을 집듯이 공을 치는 것이 포인트다. 이 연습을 반복함으로써 드리블 시의 패드 사용법을 자연스럽게 익힐 수 있다. '플릭(52쪽)'과 같이 손등을 들어 올리는 것을 의식해야 한다.

드리블

중요도	★★
난이도	★★★
장소	벽이 있는 곳

월 드리블 Wall dribble

목표  벽을 사용하는 드리블 연습. '다섯손가락 드리블'과 마찬가지로 패드를 사용해 드리블한다. 손목을 부드럽게 사용해야 하며 '플릭'도 함께 실시하면 좋다.

순서

① 공을 잡고 벽을 마주 보고 선다.
② 벽을 향해 공을 친다. 패드를 이용해 리드미컬하게 연속해서 실시한다.

▲ 공을 잡고 벽 앞에 선다.

공을 패드에서 릴리스한다

선수에게 똑같이 벽을 사용하는 '월 숏(68쪽)'과 함께 실시하면 팁과 패드의 감각 차이를 명확하게 느낄 수 있다.

▲ 벽을 향해 공을 친다.

 지도자 MEMO 빠르고 리드미컬하게 공을 치는 것이 포인트다. 그러기 위해서는 손바닥 전체, 특히 다섯손가락의 패드를 강하게 의식하며 공을 컨트롤해야 한다. 드리블 감각을 익히기에 좋은 연습이다.

드리블

세 지점 드리블

중요도 ★★
난이도 ★★
장소 어디에서나 가능

목표 몸의 중앙과 오른쪽, 왼쪽 어느 지점에서든 공을 드리블할 수 있는 감각을 키운다. 공중에서 보았을 때 '8자'가 되도록 궤적을 그린다.

▲ 몸의 왼쪽에서 왼손으로 1회 공을 친다.

▲ 몸의 앞쪽에서 뒤쪽으로 허벅다리 사이에서 공을 바운드시켜 오른손으로 건넨다.

▲ 몸의 오른쪽에서 오른손으로 1회 공을 친다.

▲ 몸의 앞쪽에서 뒤쪽으로 허벅다리 사이에서 공을 바운드시켜 왼손으로 건넨다.

순서

① 공을 잡고 기본적인 드리블 자세(132쪽)를 취한다.
② 몸의 왼쪽에서 왼손으로 1회 공을 친다.
③ 허벅다리 사이로 바운드시켜 오른손으로 건넨다.
④ 몸의 오른쪽에서 오른손으로 1회 공을 친다. 그 후 허벅다리 사이를 통해 왼손으로 건넨다. 이를 반복한다.

 지도자 MEMO 익숙해질 때까지는 좌우로 치는 드리블을 1회로 한정하지 말고 몇 번 공을 친 뒤에 타이밍에 맞춰 반대쪽 손으로 건네도 된다. 공의 이동에 무릎 동작을 연동시키는 것에 유의한다.

드리블

한 지점 드리블

중요도	★★
난이도	★★★
장소	어디에서나 가능

목표 허벅다리 사이의 한 지점에서만 공을 바운드시켜 왼손에서 오른손, 오른손에서 왼손으로 공을 이동시킨다. 공이 이동하는 궤적은 공중에서 봤을 때 '8자'가 된다.

▲ 허벅다리 사이의 한 지점에서만 공을 치며 연습한다. 우선은 왼손부터 시작한다.

공을 보지 않고 얼굴을 위로 든 채 시작한다

▲ 허벅다리 사이에서 바운드시켜 오른손으로 건넨다.

▲ 오른손으로 공을 잡은 후 무릎 바깥에서 몸의 앞쪽으로 공을 옮긴다.

원을 그리듯 뒤에서 앞으로 공을 옮긴다

▲ 허벅다리 사이에서 바운드시켜 왼손으로 건넨다.

순서

① 공을 잡고 기본적인 드리블 자세(132쪽)를 취한다.
② 허벅다리 사이를 통과해 바운드시키면서 왼손에서 오른손으로 건넨다.
③ 오른손으로 몸의 뒤쪽에서 공을 받은 후 앞쪽으로 옮겨 허벅다리 사이를 통과해 왼손으로 건넨다. 이를 반복한다.

지도자 MEMO '세 지점 드리블'의 발전된 형태라고도 할 수 있는 연습이다. '한 지점 드리블'에서는 공과 접촉하는 시간이 길어지지 않도록 최대한 빨리 좌우로 공을 연속해서 이동시킨다.

드리블

숫자 부르기

프로그램 087

중요도 ★★
난이도 ★★
장소 어디에서나 가능

목표

공을 보지 않고 드리블을 할 수 있도록 한다. 얼굴을 들고 파트너가 내민 손가락의 개수를 세면서 '드리블하며 주위 상황을 파악하는 능력'을 기른다.

순서

① 2인 1조가 되어 한 사람이 공을 잡는다.
② 그 자리에서 드리블하며 얼굴을 들어 파트너를 본다.
③ 파트너가 손가락으로 지시하는 숫자를 크게 외친다.

지도자 MEMO

공을 보지 않고 드리블하는 기술을 익히기 위한 연습이다. 성공률이 높아지면 파트너에게 양손으로 손가락을 펴게 해서 덧셈, 곱셈 등으로 대답해 집중력을 키워보자.

▲ 얼굴을 들어 드리블을 하며 파트너가 나타낸 숫자를 대답한다.

드리블

서클 술래잡기

프로그램 088

중요도 ★★
난이도 ★★
장소 서클

목표

서클 라인을 이용해 즐기면서 하는 드리블 연습이다. 드리블의 스피드를 높이고 작은 스텝을 밟도록 한다.

순서

① 두 선수가 공을 잡고 서클 라인을 중심으로 마주 본다.
② 가위바위보로 술래를 정한다.
③ 술래가 된 선수는 라인 위에서 드리블하는 상대방을 드리블하며 쫓는다.

지도자 MEMO

서클 라인에 익숙해지면 서클 중앙에 그려져 있는 직선 위를 이동한다. 좀 더 예각으로 턴하는 동작을 익힐 수 있다.

▲ 술래가 라인 위를 드리블하며 쫓아간다.

드리블

프로그램 089

드리블 술래잡기

중요도 ★★
난이도 ★
장소 하프코트

목표 '서클 술래잡기'와 마찬가지로 드리블하면서 하는 술래잡기이다. 넓은 지역을 활용해 긴 거리를 빠른 드리블로 이동할 수 있도록 한다.

술래에게 터치 당하면 술래를 교대한다

술래

←드리블

순서

① 훈련하는 인원수에 따라 연습 지역을 조정한다(여기서는 하프코트에 10~15명 정도).
② 모두 공을 가지고 술래를 정한다.
③ 술래는 드리블을 하며 선수들을 쫓고, 다른 선수들은 드리블을 하며 도망간다.
④ 술래를 피해 도망가는 선수가 드리블 실수를 하거나, 술래에게 터치당하면 술래를 바꾼다.

지도자 MEMO 재미있게 놀면서 자연스럽게 공을 보지 않고 드리블하게 된다. 연습 지역의 넓이와 인원수는 수준에 따라 정하자.

드리블

프로그램 090

드리블 태그 Dribble tag

중요도 ★
난이도 ★★
장소 서클

목표 서클 안에서 공을 지키며 계속 드리블을 하다가 상대의 드리블을 가로챈다. 신체를 접촉하면서 공을 지키는 힘을 키우고 드리블 시 시야를 넓힌다.

▲ 상대의 공을 라인 밖으로 튕겨낸다.

순서

① 두 선수 모두 공을 가지고 서클 안에 선다.
② 동시에 드리블을 시작한다.
③ 자신의 공을 지키면서 손으로 상대의 공을 라인 밖으로 튕겨내면 이긴다.

지도자 MEMO 경기에서는 상대를 살피면서 몸을 사용해 공을 지키는 기술이 필요하다. 그러므로 공을 보지 않고 드리블할 수 있어야 한다.

드리블

중요도 ★★
난이도 ★★★
장소 풀코트

투 볼 드리블 ①(좌우 동시)

프로그램 091

 **목표**
천천히 전진하며 2개의 공을 친다. 공을 보지 않고 양손으로 드리블하며 공을 다루는 감각을 익힐 수 있다.

공을 보지 않고 얼굴을 위로 든 채 시작한다

▲ 2개의 공을 좌우 양손으로 치면서 전진한다.

좌우 동시에 공을 친다

▲ 좌우 동시 타이밍으로 공을 3회 친다.

순서

① 좌우 양손에 공을 쥐고, 같은 타이밍으로 튕기며 천천히 전진한다.
② 공을 3회 친 다음 정지하고 다리를 앞뒤로 벌려 낮은 자세를 취한다. 그 자세에서 공을 2회 친다.
③ 원래 자세로 돌아와 다시 전진한다. 이 동작을 베이스라인에서 베이스라인까지 반복한다.

낮은 자세로 '투 볼 드리블' 한다

▲ 자세를 낮춰 공을 2회 친다.

▲ 중심을 높여 원래의 자세로 돌아온 뒤 다시 전진한다.

응용 팀별로 실시하는 경우에는 지도자가 신호를 주어 낮은 자세를 취하게 하거나, 원래의 자세로 돌아가는 타이밍을 잡아 주면 자연스럽게 연습할 수 있다. 초급자는 제자리에서 연습하는 것부터 시작해도 좋다.

 지도자 MEMO
2개의 공을 다루는 일은 쉽지 않다. 하지만 드리블은 얼굴을 들고 공을 보지 않고 실시하는 것이 기본이다. 또한 양손으로 동시에 공을 치면, 평소에 잘 쓰는 손으로 튕기는 공이 더 높이 튀어 오르는 것을 볼 수 있다. 이를 체크해 잘 쓰지 않는 손의 힘도 강하게 쓸 수 있도록 연습한다.

드리블

투 볼 드리블 ②(좌우 교대)

중요도	★★
난이도	★★★
장소	풀코트

 **목표** '투 볼 드리블 ①(좌우 동시)' 훈련에서 발전된 형태로 양손의 드리블 타이밍을 엇갈리게 하는 것이다. 튕기는 공의 높이가 같아야 한다.

공을 보지 않고 얼굴을 위로 든 채 시작한다
공을 좌우 교대로 친다

▲ 2개의 공을 좌우 양손으로 치면서 전진한다.

'오른손이 아래'면 '왼손은 위'가 된다

▲ 공은 좌우 교대로 드리블한다.

순서

① 좌우 양손에 공을 잡고 천천히 드리블하며 전진한다. 공을 치는 타이밍은 좌우 교대로 한다.
② 공을 5회 친 다음 정지하고 발을 앞뒤로 벌려 낮은 자세를 취한다. 다시 그 자리에서 공을 4회 친다.
③ 원래 자세로 돌아가 다시 전진한다. 이를 베이스라인에서 베이스라인까지 반복한다.

낮은 자세에서도 공은 교대로 친다

▲ 공을 5회 친 후 낮은 자세로 4회 친다.

▲ 원래 자세로 돌아가 다시 전진한다.

응용 더 발전된 형태로, '오른손은 높게, 왼손은 낮게' 조절해 양손을 다른 리듬으로 드리블하는 방법도 있다. 2개의 공으로 하는 드리블은 잘 안 쓰는 손의 드리블 강화에 도움을 주며 공을 보지 않고 드리블하는 능력을 향상시킨다. 나름대로의 방법을 연구하여 적극적으로 기술 연습에 돌입하자.

 지도자 MEMO '투 볼 드리블 ①(좌우 동시)'보다 난이도가 높다. 균형이 깨지지 않도록 리드미컬하게 드리블을 연습하자.

드리블

중요도 ★★★
난이도 ★
장소 풀코트

한 손 드리블 슛 ①(스트레이트)

목표: 한 손으로 공을 컨트롤하여 그대로 슛으로 연결시키는 기술을 익힌다. 스피드를 높임으로써 체력 향상에도 도움이 된다.

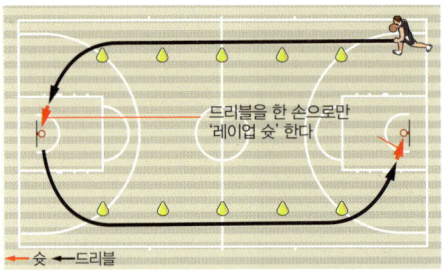

순서

① 그림과 같이 사이드라인에서 2~3m 위치에 10개의 장애물을 세팅한다.
② 베이스라인에서 시작해 사이드라인 쪽 손으로만 드리블하여 직진한다.
③ 드리블한 손으로 '레이업 슛(60쪽)' 한다. 리바운드를 잡아 같은 방식으로 한 손 드리블로 돌아가 '레이업 슛' 한다.

지도자 MEMO: 오른손으로 드리블했을 때는 그대로 오른손으로 슛을 하고 왼손은 사용하지 않도록 한다. 마찬가지로 오른손이 끝나면 반대로 왼손으로만 실시한다.

드리블

중요도 ★★★
난이도 ★★
장소 풀코트

한 손 드리블 슛 ②(슬라롬)

목표: '한 손 드리블 슛 ①(스트레이트)'의 발전된 형태이다. 동일한 방법으로 장애물을 배치하고, '슬라롬'을 통해 상체 틀기와 드리블하는 손의 사용법, 발의 움직임에 대해 고민하고 해결책을 찾는다.

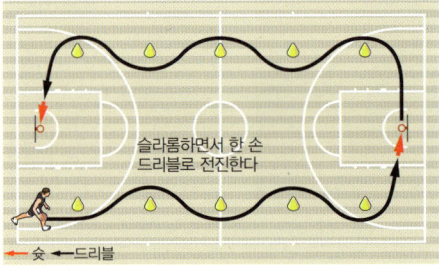

순서

① 그림과 같이 사이드라인에서 2~3m 지점에 총 10개의 장애물을 세팅한다.
② 베이스라인에서 시작해 사이드라인 쪽 손으로만 '슬라롬(지그재그 전진)' 하며 나간다.
③ 드리블한 손으로 '레이업 슛(60쪽)' 한다. 리바운드를 잡아 같은 방법으로 한 손 드리블로 슬라롬하면서 돌아와 '레이업 슛' 한다.

지도자 MEMO: 지그재그로 전진하는 것을 '슬라롬'이라고 한다. 이 연습을 반복하면 볼 컨트롤 능력과 상체 틀기와 풋워크를 자연스럽게 익힐 수 있다. 공을 보지 않고 연습한다.

드리블

체이서 Chaser

중요도 ★
난이도 ★
장소 풀코트

목표 ▶ 수비수의 속도를 올려 슈터의 드리블 스피드를 높인다. 풀코트를 사용해 전속력으로 달린다.

Ⓑ는 Ⓐ를 따라잡은 후 공을 쳐낸다

← 이동 ← 드리블

순서

① 드리블하는 선수Ⓐ와 수비수Ⓑ는 베이스라인 부근에 포지션을 잡는다. Ⓐ는 공을 가지고 Ⓑ보다 두 발짝 앞에 선다.
② Ⓐ가 공을 치면서 드리블을 시작하면 Ⓑ는 Ⓐ를 뒤쫓는다.
③ Ⓐ는 공을 치는 손을 바꾸지 말고 Ⓑ가 바싹 쫓아오지 못하도록 전속력으로 드리블한다.

지도자 MEMO 수비수의 속도감을 느끼며 연습을 하면, 드리블 스피드를 높일 수 있다. 슈터 뿐 아니라, 수비수에게도 동기부여가 되어 달리기 연습을 시킬 수 있다는 것이 장점이다.

드리블

17회 터치

중요도 ★★
난이도 ★★★
장소 하프코트

목표 ▶ 사이드라인 사이를 드리블로 이동함으로써 드리블 스피드를 높이고 지구력을 키운다. 반환점에서는 턴을 잘해야 한다.

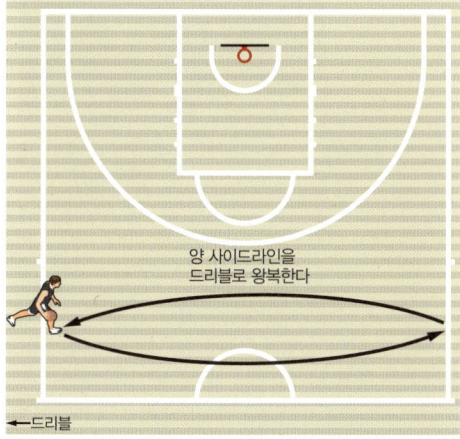

양 사이드라인을 드리블로 왕복한다

← 드리블

순서

① 사이드라인 위에서 공을 잡고 선다.
② 파트너의 신호에 따라 드리블을 시작해 반대쪽 사이드라인으로 향한다.
③ 사이드라인에 도착하면 라인을 밟은 후 되돌아온다. 이를 1분 간 반복한다.

지도자 MEMO 1분 간의 목표는 사이드라인을 '17회 터치(밟기)' 하는 것이다. 드리블을 전속력으로 1분 간 지속하는 것은 무척 힘든 일이다. 하지만 효율적인 체력 향상 트레이닝이 될 것이다.

드리블

풀코트 쓰리 드리블

중요도 ★
난이도 ★★★★★
장소 풀코트

목표
풀코트에서 실시하는 드리블로, 공을 치는 횟수를 3회로 제한하여 '레이업 슛'까지 연결한다. 달리는 스피드를 올리면서, 스피드에 맞게 공 치는 법을 익힌다.

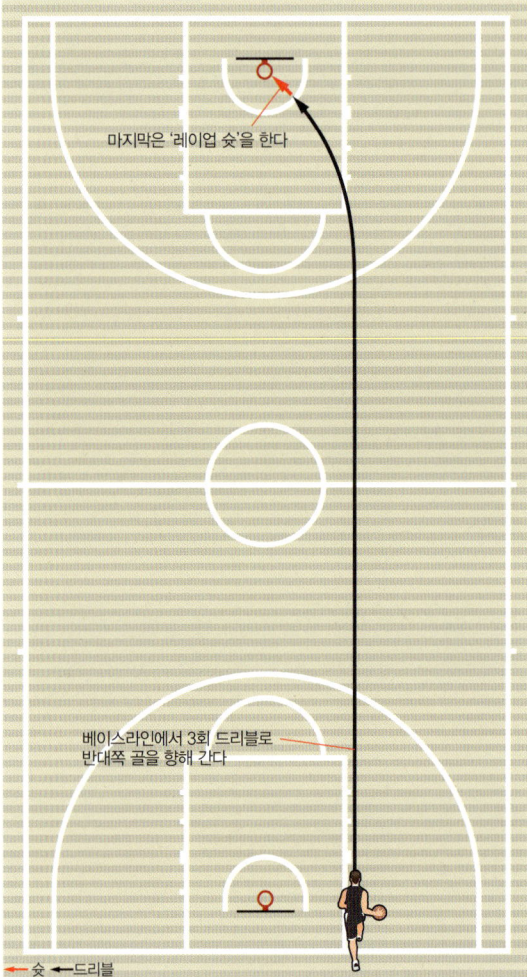

마지막은 '레이업 슛'을 한다

베이스라인에서 3회 드리블로 반대쪽 골을 향해 간다

← 슛 ← 드리블

순서

① 공을 들고 베이스라인 위에 선다.
② 반대쪽 골을 향해 드리블을 시작한다.
③ 전속력으로 드리블한다. 공을 치는 횟수는 3회로 한다.
④ '레이업 슛(60쪽)'으로 마무리한다.

응용 드리블 3회 만에 반대편 골까지를 '레이업 슛(60쪽)'으로 연결하기란 쉬운 일이 아니므로 실패하더라도 실망하지 말자. 처음에는 몇 번의 드리블로 '레이업 슛'까지 가는지 팀 전원이 세보는 것도 좋다. 차차 달리기 실력이 늘고 공 치는 감각이 생기면 다시 3회 드리블로 레이업 슛까지 쏠 수 있도록 시도해보자.

▲ 전속력으로 드리블한다.

지도자 MEMO 경기 중 전방에 수비수가 없는 상황에서 단독으로 드리블 슛을 하게 되는 경우가 있다. 이러한 상황을 가정해 사용하는 기술이 바로 '풀코트 쓰리 드리블'이다. 수비수가 따라잡지 못하도록 드리블을 강하게 치면서 전속력으로 달려 '레이업 슛'으로 연결해야 한다.

드리블

중요도 ★★★★
난이도 ★★

체인지 오브 페이스 Change of pace

장소 어디에서나 가능

드리블 속도의 변화로 수비수를 따돌리는 드리블을 익힌다. 느린 드리블에서 갑자기 빠르게, 빠른 드리블에서 갑자기 정지함으로써 수비수를 따돌린다.

전속력으로 나간다

▲ Ⓐ는 전속력으로 드리블하며 나간다.

갑자기 속도를 늦춘다

▲ Ⓑ와의 거리를 좁힌 후 갑자기 속도를 늦춘다.

Ⓑ는 이에 대응하여 동작을 멈추게 된다

▲ Ⓑ는 이에 대응하기 위해 동작을 멈추게 된다.

낮은 자세로 단숨에 제친다

▲ Ⓐ는 다시 드리블 속도를 높여 Ⓑ를 제친다.

순서

① 공격수 Ⓐ는 공을 드리블하며 이동하고 수비수 Ⓑ는 마크한다.
② Ⓐ는 전속력으로 나아가 Ⓑ와의 거리를 좁힌 후 갑자기 속도를 늦춰 정지한다.
③ Ⓐ의 속도 변화에 대응하기 위해 Ⓑ의 움직임이 멈추면 Ⓐ는 다시 속도를 높여 Ⓑ를 제친다.

> **지도자 MEMO**
> 드리블에는 여러 가지 종류가 있다. 이에 대해서는 다음 페이지부터 소개하겠지만, 우선 명심해야 할 것은 속도의 변화를 활용하면서 수비수를 따돌리는 것이다. 드리블의 속도 변화는 기본이면서도 매우 중요한 기술이다.

드리블

스터터 Stutter

중요도	★★★★
난이도	★★
장소	어디에서나 가능

목표 종종걸음처럼 스텝을 밟아 양발을 움직이다가 제자리에 멈춰 선 다음 수비수의 반응을 보고 빨리 방향 전환을 하는 기술이다. 갑자기 드리블 속도를 늦출 때 사용한다.

▲ 얼굴을 들고 드리블해 나간다.

▲ 임의의 지점에서 종종걸음으로 스텝을 밟으며 제자리에 멈춰 선다.

순서

① 공을 잡고 앞을 향해 드리블해 나간다.
② 임의의 지점에서 갑자기 스피드를 늦추면서 종종걸음으로 스텝을 밟는다.
③ 방향을 바꿔 다시 드리블해 나간다.

▲ 종종걸음을 그 자리에서 몇 차례 반복한다.

▲ 방향을 바꿔 다시 드리블해 나간다.

응용 어디서 스텝을 밟아야할지 모를 경우에는 풀코트에서 연습하면 된다. 베이스라인에서 출발하여 '가까운 프리스로 라인', '센터라인', '먼 쪽의 프리스로 라인'에 도착했을 때 이 스텝을 밟는다. 팀 단위로 연습할 때는 지도자가 신호를 주면 연습이 수월하다.

지도자 MEMO '스터터'는 앞으로 드리블하는 것을 자연스럽게 멈추게 하기 때문에, 수비수가 다음 플레이를 예측하기 어렵다. 난이도가 높지 않으므로 반드시 연습에 포함시킨다.

드리블

중요도	★★★★
난이도	★★
장소	어디에서나 가능

프런트 체인지

프로그램 100

 몸 앞쪽에서 공을 잡고 '왼손에서 오른손으로' 혹은 '오른손에서 왼손으로' 드리블하는 손을 바꾼다. 매우 자주 쓰이는 테크닉으로, 급격한 방향 전환을 자연스럽게 하는 데 도움이 된다.

공을 보지 않고 얼굴을 위로 든 채 시작한다

▲ Ⓐ는 드리블하며 앞으로 나간다.

▲ Ⓑ가 코스를 막아서면 정면에서 공의 방향을 꺾는다.

몸 앞쪽에서 공을 치며 손을 바꾼다

▲ 그 상태에서 공 치는 손을 바꾼다.

낮은 자세로 단숨에 앞지른다

▲ 다시 드리블 스피드를 높여 낮은 자세로 Ⓑ를 앞질러 나간다.

순서

① 공격수 Ⓐ가 공을 드리블하고 수비수 Ⓑ가 마크한다.
② Ⓑ가 코스를 막으면 Ⓐ는 몸 앞쪽에서 공 치는 손을 바꿔 진행 방향을 바꾼다. 그 상태에서 드리블을 계속하며 전속력으로 Ⓑ를 앞지른다.

 지도자 MEMO

'프런트 체인지'는 방향 전환의 가장 기본적인 테크닉이다. 공은 손바닥이 향하는 방향으로 이동하므로, 이와 같이 좌우로 이동시키는 경우에는 공의 측면에 손바닥을 대고 손가락 끝으로 공에 스핀을 걸어 힘을 가한다.

드리블

프로그램 101 — 레그 스루 Leg through

중요도	★★★
난이도	★★★
장소	어디에서나 가능

목표 허벅다리 사이로 공을 통과시키는 드리블이다. 경기 중 사용빈도가 높다. 공이 발에 부딪히지 않도록 주의한다.

▲ Ⓐ는 드리블하며 앞으로 나간다.

▲ Ⓑ가 코스를 막아서면 허벅다리 사이에서 공을 친다.

▲ 그 상태에서 공 치는 손을 바꾼다.

▲ 다시 드리블의 속도를 높여 Ⓑ를 앞지른다.

순서

① 공격수Ⓐ가 공을 드리블하고 수비수Ⓑ가 마크한다.
② Ⓑ가 코스를 막으면 Ⓐ는 허벅다리 사이에서 공 치는 손을 바꿔 진행 방향을 바꾼다. 그 상태에서 동작을 멈추지 말고 전속력으로 Ⓑ를 앞지른다.

지도자 MEMO 낮은 자세를 취하여 두 발을 앞뒤로 벌리고 그 사이에서 왔다갔다 공을 치는 '레그 스루'는 상대와의 거리가 좁을 때 효과적이다. 공을 발로 지키면서 좌우로 이동시킬 수 있기 때문이다. '프런트 체인지(149쪽)'에서 인터셉트(패스나 드리블을 중간에서 가로채는 것) 당할 것 같은 상황에서 활용하자.

드리블

비하인드 더 백 Behind the back

중요도 ★★★
난이도 ★★★
장소 어디에서나 가능

 등 뒤에서 공을 좌우로 이동할 수 있도록 하는 어려운 기술로 확실히 연습한다.

▲ Ⓐ는 드리블하며 앞으로 나간다.

▲ Ⓑ가 코스를 막아서면 공을 등 뒤쪽으로 보낸다.

▲ 등 뒤에서 드리블하는 손을 바꾼다.

▲ 동작을 멈추지 말고 전속력으로 Ⓑ를 앞지른다.

순서

① 공격수Ⓐ가 공을 드리블하고 수비수Ⓑ가 마크한다.
② Ⓑ가 코스를 막아서면 Ⓐ는 등 뒤에서 드리블하는 손을 바꿔 진행 방향을 바꾼다. 그 상태에서 동작을 멈추지 말고 전속력으로 Ⓑ를 앞지른다.

 지도자 MEMO
최대한 등에서 먼 곳에서 공을 잡는 것이 포인트이므로 팔꿈치를 펴 공을 잡는 것이 좋다. 공은 손바닥이 향하는 방향으로 이동하므로 손바닥을 공의 뒤쪽에 댄다. 손목을 유연하게 꺾을 수 있도록 의식하면서 연습하자.

드리블

프로그램 **103**

풀 백 Pullback

중요도 ★★★
난이도 ★★
장소 어디에서나 가능

 뒤로 물러나는 드리블을 익히자. 수비수와의 거리를 벌려 따돌릴 수 있다.

공을 보지 않고 얼굴을 위로 든 채 시작한다

▲ Ⓐ는 드리블하며 앞으로 나간다.

뒤로 물러나듯 공을 친다

▲ Ⓑ가 코스를 막아서면 정지한 후 뒤로 물러나듯 공을 친다.

낮은 자세로 단숨에 상대를 앞지른다

▲ 반대편 손으로 공을 바꿔 쥔다.

▲ 다시 드리블 스피드를 높여 그대로 Ⓑ를 앞지른다.

순서

① 공격수Ⓐ가 공을 드리블하고 수비수Ⓑ가 마크한다.
② Ⓑ가 코스를 막아서면 Ⓐ는 정지한 후 뒤로 물러나듯 공을 치며 손을 바꾼다.
③ 멈춘 Ⓐ의 동작에 대응하여 Ⓑ가 앞으로 나오면 Ⓐ는 방향을 바꿔 Ⓑ를 제친다.

 지도자 MEMO
드리블의 방향을 바꿈으로써 수비수의 압력을 피할 수 있다. 뒤로 물러나는 드리블이 있다는 것을 기억해두자. 포인트는 공을 뒤로 물릴 때 몸의 중심도 재빨리 뒤로 이동시키는 것이다. 전신을 연동시켜 자연스럽게 구사할 수 있도록 한다.

드리블

중요도 ★★★
난이도 ★★★

 롤 Roll

장소 어디에서나 가능

목표 드리블을 계속하면서 1회전하여 수비수를 따돌린다. 최대한 빨리 몸을 골 방향으로 돌릴 수 있도록 연습하자.

▲ Ⓐ는 드리블하며 앞으로 나간다.

▲ Ⓑ가 코스를 막아서면 정지한다.

- 시선은 가고자 하는 방향을 본다
- 뒤로 물러선다는 느낌으로 공을 친다
- 정지했을 때의 앞발이 피벗 풋이 된다

▲ 앞발을 피벗 풋 삼아 1회전 턴한다.

▲ 다시 드리블 속도를 높여 Ⓑ를 앞지른다.

순서

① 공격수Ⓐ가 공을 드리블하고 수비수Ⓑ가 마크한다.
② Ⓑ가 코스를 막아서면 Ⓐ는 계속 드리블하면서 1회전하여 Ⓑ를 제친다.

 지도자 MEMO
앞발을 피벗 풋으로 삼아 회전 반경이 작고 빠른 회전을 하도록 유의할 것. 프리 풋을 피벗 풋쪽으로 끌어당기면서 회전한 다음 스텝을 진행 방향으로 크게 내딛는다. 앞에 있는 공을 뒤쪽으로 끌어당기는 느낌으로 팔꿈치를 편 상태에서 공을 다룬다.

153

드리블

인사이드 아웃 Inside out

중요도 ★★
난이도 ★★★★
장소 어디에서나 가능

목표 드리블하는 손을 바꾸지 않고 공을 안쪽과 바깥쪽으로 옮길 수 있도록 한다. 동작을 크게 하면 수비수를 흔들 수 있다.

▲ Ⓐ는 드리블하며 앞으로 나간다.

▲ 드리블하는 손을 바꿀 듯이 공을 치다가 손바닥의 방향을 돌려 공을 끌어당긴다.

▲ 같은 손으로 계속 드리블을 한다.

▲ 다시 드리블의 속도를 높여 Ⓑ를 앞지른다.

순서

① 공격수 Ⓐ가 공을 드리블하고 수비수 Ⓑ가 마크한다.
② Ⓑ가 코스를 막아서면 Ⓐ는 '프런트 체인지(149쪽)' 동작을 실시한다.
③ Ⓑ가 Ⓐ의 동작에 반응하면 재빨리 손바닥의 방향을 돌려 공의 반대쪽으로 손바닥을 갖다 대 공을 끌어당긴다. 이 동작으로 Ⓑ를 제친다.

지도자 MEMO 몸 앞쪽에서 공을 좌우로 이동시키면 수비수는 드리블을 뺏기 위해 다가오는데, 이를 역이용하는 것이 '인사이드 아웃'이다. 공을 이동시켰을 때 수비수가 그에 대응한다면 원래 사이드로 공을 옮겨 상대를 제친다.

드리블

토니 파커 Tony parker

중요도	★★
난이도	★★★★
장소	어디에서나 가능

목표 ▶ NBA 톱 프로선수 토니 파커의 테크닉을 내 것으로 만들자. 성큼 앞으로 치고 나가는 드리블로 단숨에 속도를 높여 수비수를 제친다.

공을 보지 않고 얼굴을 위로 든 채 시작한다

▲ Ⓐ는 드리블하며 앞으로 나간다.

▲ Ⓑ가 코스를 막아서면 중심을 낮춘다.

성큼 앞으로 공을 치고 나간다

한쪽 발을 앞으로 크게 내딛는다

▲ 수비수에게 등을 돌리듯이 몸의 방향을 바꾸면서 성큼 앞으로 공을 치고 나간다.

▲ 그 상태에서 속도를 높여 Ⓑ를 앞지른다.

순서

① 공격수Ⓐ가 공을 드리블하고 수비수Ⓑ가 마크한다.
② Ⓑ가 코스를 막아서면 Ⓐ는 방향을 바꾸면서 성큼 앞으로 치고 나가는 드리블로 Ⓑ를 제친다.

지도자 MEMO 토니 파커는 프랑스인 NBA 선수로 '좌우로의 이동'과 '스피드의 변화'라는 요소를 포함한 효과적인 드리블 동작이 특기인 선수다. 이 동작에서 '인사이드 아웃(154쪽)'으로 전환하면 상대가 대응하기 어렵다.

드리블

투 볼 미라클 ① Two ball miracle

중요도 ★
난이도 ★★★★
장소 풀코트

목표 2개의 공을 양손으로 동시에 드리블하면서 '롤' 한다. 혼자서 할 수 있으며, 난이도가 높은 훈련이다.

▲ 2개의 공을 동시에 치면서 앞으로 나간다.

공을 보지 않고 얼굴을 위로 든 채 시작한다

공을 동시에 친다

▲ 공을 3회 친 후 '백 롤'을 시작한다.

순서

① '투 볼 드리블(142쪽)'과 같은 방법으로 베이스라인에서 시작해 사선 방향으로 진행한다.
② 공을 3회 친 후 '롤(153쪽)'로 방향을 바꾼다. 이를 베이스라인에서 베이스라인까지 반복한다.

▲ 계속 '투 볼 드리블'을 하며 턴한다.

▲ 다시 드리블하며 앞으로 나간다.

선수에게 왼쪽 턴과 오른쪽 턴 모두 연습하자. 한 개의 공으로 실시하는 '롤(153쪽)'이 기본이므로 철저하게 연습해두는 것이 좋다.

지도자 MEMO 양손을 동시에 움직이도록 의식하면 자연스럽게 턴할 수 있다. 공을 밑에서 들어 올리듯이 치면 경기 중에는 오버 드리블 반칙이 되므로 연습 중에도 주의한다.

드리블

중요도 ★
난이도 ★★★★★

프로그램 108
투 볼 미라클 ② Two ball miracle

장소 풀코트

목표 양손으로 공을 치면서 한 손으로는 '프런트 체인지'를 다른 한 손으로는 '비하인드 더 백' 드리블을 하며 손을 바꾼다. 매우 고난이도이므로 성공한다면 동료들에게 자랑해도 좋다.

공을 보지 않고 얼굴을 위로 든 채 시작한다
공은 동시에 친다

▲ 2개의 공을 동시에 치면서 앞으로 나간다.

오른손은 '프런트 체인지'
왼손은 '비하인드 더 백'

▲ 오른손으로 '프런트 체인지'를, 왼손으로는 '비하인드 더 백'을 시작한다.

순서
① '투 볼 드리블(142쪽)'과 같은 방법으로 베이스라인에서 시작해 사선 방향으로 진행한다.
② 한쪽 손으로는 '프런트 체인지(149쪽)'를, 반대쪽 손으로는 '비하인드 더 백(151쪽)'을 친다. 공을 바꿔 치며 방향을 바꾼다. 이것을 베이스라인에서 베이스라인까지 반복한다.

▲ 공을 바운드시키면서 좌우로 바꿔 친다.

▲ 다시 드리블하며 앞으로 나간다.

선수에게 '프런트 체인지(149쪽)'보다 '비하인드 더 백(151쪽)'이 더 어렵지만, 거기에만 신경을 쓰다 보면 '프런트 체인지'에서 실수를 할 수 있다. 각 기술을 몸에 익힌 후, 자신감을 갖고 동시에 타이밍을 맞춰 공을 치는 것이 중요하다.

지도자 MEMO 포인트는 좌우 각 드리블의 타이밍을 잘 맞추는 것이다. 타이밍이 어긋나면 당연히 드리블을 지속하기 어려워진다. 처음부터 천천히 타이밍과 동작을 익히도록 한다.

드리블

프로그램 109 드리블 변형

중요도 ★★★★★
난이도 ★★★★
장소 하프코트

목표 종합적인 드리블 연습으로 감각을 익힌다. '체인지 오브 페이스(속도의 변화)'와 '체인지 오브 디렉션(방향 전환)'을 의식하면서 연습하자.

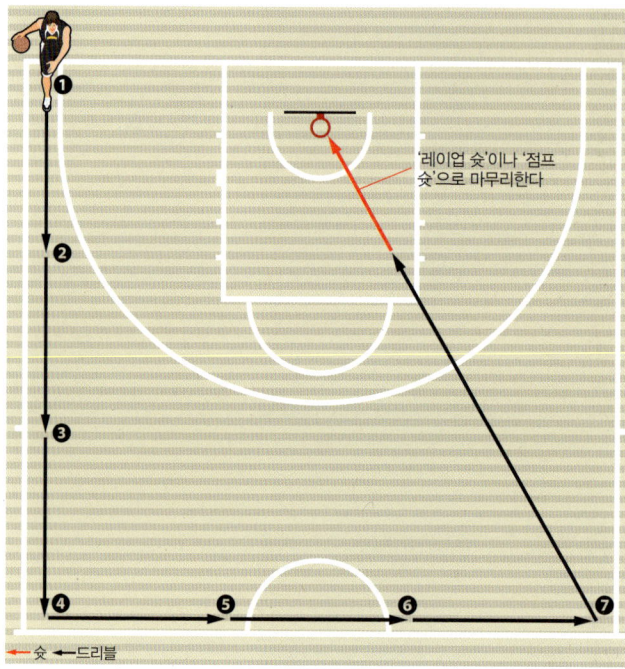

'레이업 슛'이나 '점프 슛'으로 마무리한다

← 슛 ← 드리블

순서

① 베이스라인 위에 공을 가지고 선다(그림의 ① 지점). 그 자리에서 '스타터(148쪽)' 스텝을 밟으면서 드리블을 시작하다가 급하게 출발한다.
② ②지점에서 '레그 스루(150쪽)'를 한다.
③ ③지점에서 '롤(153쪽)'을 한다.
④ ④지점에서 '풀 백(152쪽)'을 해 방향을 바꾼다.
⑤ ⑤지점에서 '비하인드 더 백(151쪽)'을 한다.
⑥ ⑥지점에서 '인사이드 아웃(154쪽)'을 한다.
⑦ ⑦지점에서 '프런트 체인지(149쪽)'를 해 방향을 바꾼다.
⑧ '점프 슛(56쪽)'이나 '레이업 슛(60쪽)'으로 마무리한다.

선수에게 경기 중 한 선수가 모든 드리블을 구사할 수는 없다. 그렇다고 해서 자신이 잘하는 드리블만 연습해서는 안 된다. 경기에서 사용할 기회가 없을 것 같은 드리블도 연습해둬야 한다. 언제 사용하게 될지 모를 일인데다가, 연습을 꾸준히 하면 자신만의 무기가 될 수도 있기 때문이다.

지도자 MEMO 다양한 드리블을 연속해서 실시하는 연습이므로 각각의 기술을 다 익힌 후에 실시하자. 조급하게 하다가 오히려 엉성한 자세가 되면 의미가 없다. 익숙해질 때까지는 천천히 하는 것이 좋다. 또한 드리블의 기본은 공을 보지 않고 하는 것임을 잊지 말고, 드리블의 변형도 모두 얼굴을 들고 연습한다.

▶ 드리블할 때 공을 보지 않는 것이 기본 중의 기본이다.

제5장
패스
pass

패스는 팀 공격 전략을 짜는 데 가장 중요한 기술이며,
인터셉트당하지 않아야 한다!
그러므로 패스를 받는 선수 또한 기술이 필요하다.
원하는 곳으로 정확하고 확실하게 패스하기부터 시작해
움직이면서 패스하는 기술까지 난이도를 높여가자.

개인기 향상을 위하여 / 패스

패스의 기초 지식

1. 패스의 개념

전달되지 않으면 패스가 아니다

패스 또한 팀 공격을 짤 때 매우 중요한 요소이다. 공을 움직이며 수비 라인을 무너뜨리는 방법에는 드리블도 있지만 패스가 더 쉽고 빠르다. 패스에서 가장 중요한 것은 '인터셉트당하지 않고 원하는 곳에 공이 전달되는 것'이다. 그런데 실제 경기 중에 패스를 정확하게 하는 것은 의외로 간단치가 않다. 몸의 균형을 무너뜨려서라도 공을 자기 팀에게 잘 전달했다면 패스는 성공한 것이다. 수비수의 동작에 주의하면서 그때그때의 상황에 맞게 대응하자.

상황에 따라 구별하여 사용한다

패스는 '패스 주는 방법(공 던지는 법)'에 따라 분류하기도 하고, 평행한 패스 또는 곡선을 그리는 패스처럼 '공의 궤도'에 따라 분류하기도 한다. 하지만 어떤 패스든 상황에 따라 구사할 수 있어야 한다. 예를 들어, 패스를 하고 싶은 우리 편 선수와 나 사이에 상대 수비수가 있다면 상대의 머리 위를 넘겨 '곡선을 그리는 패스'를 던져야 한다.

▲ '체스트 패스'는 대표적 패스 방법이다.

상호 배려를 한다

패스는 주는 사람과 받는 사람이라는 최소한 2명의 선수가 필요하다. 그러므로 패스를 주는 사람은 '상대방이 받기 편한 공'을 던져야 하고, 패스를 받는 사람은 '상대가 쉽게 줄 수 있는 자세'를 하도록 최대한 의식해야 한다. 같은 팀 선수의 위치와 의사를 살피고 다음 플레이를 예측하는 것은 패스에 없어서는 안 될 요소인 것이다. '패스를 받는 선수가 여유를 가지고 다음 플레이를 할 수 있는 패스', '슛으로 연결되는 패스'를 보내는 것을 목표로 하자.

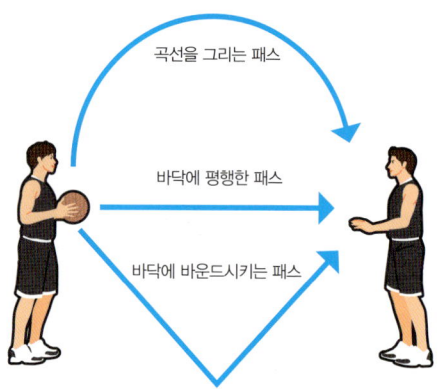

▲ 패스의 종류는 공의 궤도에 따라서도 나뉜다.

2. 패스의 포인트

공을 원하는 사람에게 패스한다

본 장의 기술 해설에서는 '패스를 하는 선수'와 '패스를 받는 선수'라는 카테고리로 나누어 각각에게 요구되는 포인트를 해설하기로 한다.

패스를 주는 선수는 공을 '패스를 받기 바라는 선수'에게 주어야 한다. 노마크라는 이유만으로 공을 보지도 않는 선수에게 주면 오히려 공격 라인을 무너뜨리는 결과를 초래할 수 있으니 코트를 전체적으로 파악해 공을 원하는 선수를 찾아내자.

그리고 때에 맞는 패스를 구사할 줄 알아야 한다. 예를 들어, 패스의 기본인 '체스트 패스' 같은 경우는 몸의 중심에서 보내기 때문에 가장 안전하지만, 수비수에게 마크당하고 있는 경우에는 공을 몸 옆으로 이동시켜 패스하는 방법도 필요하다. 또한 받는 사람이 잘 받을 수 있도록 패스해 주는 것도 포인트다. 이를 위해서는 기본적으로 받는 사람의 가슴 위치를 겨냥해 패스하도록 한다.

받는 사람은 손바닥이 공을 향한다

패스는 받는 사람에게도 고도의 기술이 필요하다. 패스를 받을 때 손가락의 끝이 공을 향하면 공을 놓치거나 최악의 경우에는 손가락 부상을 입기도 한다. 확실하게 공을 캐치하려면 몸에서 팔꿈치를 너무 떨어뜨리지 말고, 손바닥은 공을 향하도록 한다. 그리고 캐치할 때 소리가 나지 않도록 의식하면서 연습하면 캐치력이 좋아진다. 점프를 해서 공중에서 받으면 더 좋다. 그리고 공을 받으면서 다음 플레이로 이행하는 것도 잊어서는 안 된다.

▲ 패스는 공을 원하는 선수에게 준다.

3. 연습 시 주의사항

연습 때부터 동료를 관찰한다

패스 훈련은 팀 동료가 있어야만 가능한 연습이다. 연습 중에 동료의 습관과 동작을 관찰하여 '캐치하기 쉬운 패스', '다음 플레이로 가기 쉬운 패스'를 연구하면서 자연스러운 패스워크가 될 수 있도록 하자. '받는 데에만 정신이 팔린 패스'나 '받았지만 이어서 아무런 플레이도 하지 못하는 패스'는 가장 좋지 않은 패스이다.

그리고 패스한 다음에는 움직이는 것이 기본이므로 연습에서도 움직이는 패턴에 대해 다각도로 연구해야 한다. 경기 중에는 한 사람이 공을 오래 가지고 있는 것보다 공을 회전시켜 공격을 유리한 상황으로 만드는 것이 이상적이다. 공을 잡고만 있지 말고 계속 움직여 찬스를 만들도록 유의하자.

패스

체스트 패스 Chest pass

공을 가슴 앞에서 잡는다

발이 지면에 닿은 상태에서 패스하는 것이 패스의 기본이다

Step 01 공을 가슴 앞에서 양손으로 잡는다.

한쪽 발을 앞으로 내딛는다

Step 02 한쪽 발을 앞으로 내딛는다.

전완 비틀기와 허리의 이동에 주의한다

패스는 자기 팀에게 전달되지 않으면 의미가 없다. '체스트 패스'는 패스하는 방법 중 가장 기본적이면서도 정확도가 높다. 가슴 부근에서 양손으로 공을 내보내는 패스로, 전완(아래팔)을 비틀고 허리를 이동시키는 힘을 쓰자. 하지만 팔꿈치를 폈다 굽히는 힘을 쓰면 NG이다. 패스는 받는 사람의 가슴 쪽에 주는 것이 기본이므로 연습할 때부터 이에 주의한다.

Step 03 그 상태에서 중심을 앞으로 이동시킨다.

가슴을 중심으로 몸의 무게중심을 앞으로 이동시킨다

Step 04 전완을 비틀어 스핀을 걸면서 공을 릴리스한다.

검지는 타깃, 엄지는 바닥, 손바닥은 바깥으로 향한다

전완을 비틀어 백스핀을 걸면서 검지의 팁에서 공을 릴리스한다

공을 상대의 가슴으로 보낸다

지도자 MEMO

공을 손으로 다루는 농구에서는 상반신의 동작에 너무 신경을 쓴 나머지 하반신의 움직임을 경시하기 쉽다. 하지만 하반신 움직임을 연구해야 좋은 테크닉을 구사할 수 있다. '체스트 패스' 또한 한 발을 내딛고 허리를 축으로 해 몸의 중심을 앞으로 이동시켜야 하는 기술임을 잊어서는 안 된다.

▶ 중심을 이동시키지 않으면 패스한 후 다음 플레이로 빨리 옮길 수 없다.

NG

 패스

패스 받는 법

손바닥은 공을 향한다

팔꿈치를 최대한 몸에 붙인다

NG

손가락 끝이 공을 향하면 공을 놓치가 쉽다.

패스를 받기 전에 살짝 점프하여 공중에서 공을 캐치한다.

팔꿈치를 몸에서 떨어뜨리지 말고 손바닥은 공을 향한다

패스를 받을 때는 팔꿈치를 최대한 몸에 붙이고 손바닥은 공을 향하는 것이 기본이다. 팔꿈치를 펴서 손바닥이 서로 마주 보도록 자세를 취하면 공을 놓치거나 손가락이 삐는 원인이 되기도 하기 때문이다. 그리고 공을 받을 때는 가볍게 점프하여 공중에서 캐치해야 좋다. 공을 잡은 선수는 슛, 패스, 드리블 중 하나로 다음 동작을 이어야 하는데, 공중에서 캐치하는 경우 착지할 때까지의 시간이 있어 빠르게 상황을 파악할 수 있기 때문이다.

패스

패스 받는 법(낮은 공일 경우)

NG

손가락 끝이 공을 향하면 캐치 미스의 원인이 된다.

팔을 앞으로 내밀되, 공을 받으러 앞으로 나가지는 않는다

팔을 아래로 내리고 손바닥이 공을 향하도록 한다

무릎을 굽혀 중심을 낮춘다

낮은 패스에는 팔을 내려서 대응한다

경기를 하다보면 공이 가슴 쪽으로만 오는 게 아닐 뿐더러 발밑과 같이 낮은 곳으로 오면 받기도 어렵다. 낮은 공을 받을 때는 손바닥을 공을 향하게 해 받는다. 만약 손바닥을 서로 마주 보게 하고 패스를 받으면 캐치 미스나 손가락 부상을 입을 수 있기 때문이다. 또한 캐치할 수 없다고 판단한 패스는 무리하게 캐치하려고 하지 말고, 바닥에 한 번 떨어뜨려 바닥에서 튕겨 올라온 공을 잡는 기술도 있다.

패스

바운스 패스 Bounce pass

프로그램 110

중요도 ★★★
난이도 ★
장소 어디에서나 가능

 목표
공을 한 번 바닥에 튕겨 패스하는 방법을 익힌다. 수비수를 피해 인사이드로 패스를 하는 상황, 달려 들어오는 선수의 타이밍에 맞춰야 하는 때에 사용한다.

▲ 공을 가슴 앞에서 양손으로 잡는다.

전완을 비틀면서 팁에서 공을 릴리스한다

한 발을 내딛어 몸의 무게중심을 앞으로 이동시킨다

공을 바닥에 바운드시킨다

▲ '체스트 패스'와 같은 요령으로 바닥에 공을 바운드시켜 패스한다.

순서

① 2인 1조로 4m 정도의 간격을 벌리고 선다.
② '체스트 패스(162쪽)'와 같은 자세로 패스하되, 공을 바닥에 바운드시킨다.
③ 파트너는 공을 받은 후 같은 동작으로 패스한다. 이것을 반복한다.

 지도자 MEMO

'바운스 패스'란 공을 바닥에 한 번 튕긴 후 리시버에게 전달하는 패스이다. 이렇게 공을 바닥에 한 번 바운드시킨 후의 요령은 모두 '체스트 패스(162쪽)'와 동일하다. 다만 경기에서는 의도적으로 톱 스핀을 걸어 패스하는 경우도 있다.

패스

중요도	★★★
난이도	★★
장소	어디에서나 가능

프로그램 111
원 핸드 푸시 패스

목표 수비수를 피해 패스할 수 있도록 공을 몸의 옆으로 옮겨 패스한다.

▲ 공을 가슴 앞에서 양손으로 잡는다.

옆으로 내딛는 발의 보폭은 크게

▲ 한 발을 옆으로 크게 내딛는다.

순서

① 2인 1조로 4~6m 정도의 간격을 벌리고 선다.
② 패스하는 선수는 공을 한 손으로 앞으로 밀어내듯 패스한다. 릴리스할 때 전완 비틀기와 손목 스냅을 사용한다.
③ 파트너는 공을 받은 후 같은 동작으로 패스한다. 이것을 반복한다.

▲ 내딛은 발 쪽으로 무게중심을 이동시키면서 한 손으로 공을 잡는다.

공에 백스핀을 건다

전완을 비틀며 손목 스냅을 이용해 팁에서 릴리스한다

▲ 전완을 비틀며 공을 릴리스한다.

선수에게 패스는 팔꿈치 높이에서 하는 것이 기본이다. 그리고 손목의 스냅을 활용하여 공에 백스핀을 거는데, 똑바로 보내기 위해서는 패스한 후 '손가락 끝이 받는 사람 쪽으로 향하고 있는지', '공이 바닥과 평행하게 날아가는지'를 확인하면 된다.

지도자 MEMO 경기에서는 몸의 정면에서 패스하기 어려운 상황이 많다. 이때 효과적으로 쓸 수 있는 기술이 바로 공을 몸의 중심에서 옆으로 많이 옮겨 패스하는 '원 핸드 푸시 패스'이다. 두 선수가 4~6m 정도의 간격(페인트 에어리어의 라인의 끝에서 끝을 기준으로 하면 된다)으로 서서 연습하면 되는데, '바운스 패스(166쪽)'는 긴 패스가 되는 경우는 별로 없으므로 조금 짧게 잡아 4m 정도에서 패스한다. 패스 연습은 둘이서 하는 '대면 패스' 연습이 기본이다.

패스

훅 바운스 패스 Hook bounce pass

중요도	★★
난이도	★★
장소	어디에서나 가능

목표 공에 옆 회전을 걸면서 바닥에 바운드시켜 리시버에게 전달하는 패스. 수비수에게 빼앗기지 않도록 인사이드로 패스를 넣을 때 자주 사용한다.

▲ 공을 가슴 앞에서 양손으로 잡는다.

공은 손가락 끝을 아래로 향하게 잡고 그 손가락 끝으로 컨트롤한다.

옆으로 내딛는 발은 크게

▲ 한 발을 옆으로 크게 내딛고 공을 몸 옆으로 이동시킨다.

순서

① 2인 1조로 3~4m 정도의 간격을 벌리고 선다.
② 패스하는 선수는 양손으로 옆 회전을 걸면서 바운드시켜 패스한다.
③ 파트너는 공을 받은 후 같은 동작으로 패스한다. 이것을 반복한다.

▲ 공을 던지기 위해 팔꿈치를 편 채로 공을 앞쪽으로 옮긴다.

정면에 있는 수비수를 돌아 들어가듯이 바운드시킨다

공에 옆 회전을 건다

▲ 공에 옆 회전을 걸면서 릴리스한다.

선수에게 손가락 끝이 아래로 향하도록 공을 잡고, 손가락 끝으로 공을 컨트롤한다. 공은 무릎보다 높이 튀어 오르지는 않으므로 패스를 받는 사람은 자세를 낮춰 공을 받게 된다.

지도자 MEMO '훅 바운스 패스'는 인사이드의 선수에게 패스를 넣어 주는 상황에서 자주 쓰인다. 손과 팔을 상하로 움직여 확실하게 공에 스핀을 걸어야 한다.

패스	중요도 ★★
	난이도 ★★

프로그램 113

오버 헤드 패스 Over head pass

장소 | 어디에서나 가능

목표 머리 위로 공을 들어 높은 곳에서 보내는 패스다. 수비수가 아래쪽의 패스 코스를 경계하거나, 지역 방어 시 코트를 횡단하는 패스를 줄 때 효과적이다.

▲ 공을 정수리 부분에서 양손으로 던진다.

백스핀을 걸어 공을 릴리스한다

순서
① 2인 1조로 4~6m 정도의 간격을 벌리고 선다.
② 패스하는 선수는 양손으로 공을 잡아 머리 뒤쪽으로 들어 올린 후 정수리 부분에서 공을 던진다.
③ 파트너는 공을 받은 후 같은 동작으로 패스한다. 이것을 반복한다.

지도자 MEMO 양손으로 공을 들어 정수리 부분을 지나 릴리스할 때 손목 스냅을 활용하여 백스핀을 건다. 공을 너무 뒤로 당기지 말고 빨리 패스하자.

패스	중요도 ★★
	난이도 ★★

프로그램 114

베이스볼 패스 Base-ball pass

장소 | 어디에서나 가능

목표 야구의 스로인(Throw in, 코트 밖에서 안으로 공을 던지는 것)과 같이 한 손으로 공을 던지는 패스이다. 속공으로 상대 코트로 달려 들어가는 동료에게 패스를 주는 상황에 효과적이다.

▲ 야구에서처럼 공을 한 손으로 던진다.

팔꿈치를 벌리지 않는다

순서
① 2인 1조로 4~6m 정도의 간격을 벌리고 선다.
② 패스하는 선수는 한 손으로 공을 잡고 머리 위로 높이 쳐든다. 그러고는 한 발을 내딛으면서 한 손으로 공을 던진다.

지도자 MEMO 검지는 타깃을 가리켜야 하며, 공은 검지의 끝에서 떨어지는 상태가 되도록 패스한다.

패스	중요도 ★★★★
	난이도 ★★★

프로그램 115

패스 페인트모션 ①(좌우)

장소 어디에서나 가능

목표 공을 왼쪽에서 던질 것처럼 페인트모션을 취한 후 오른쪽에서 던진다. 패스가 아니라 패스를 던질 때까지의 페인트모션을 익히자.

▲ 왼쪽에서 패스하는 척한다.

▲ 이어서 오른쪽으로 발을 내딛어 패스한다.

순서
① 2인 1조로 4m 정도의 간격을 벌리고 선다.
② 패스하는 선수는 공을 몸의 왼쪽에서 패스하는 척한다. 이어서 오른쪽으로 발을 내딛으며 '원 핸드 푸시 패스(167쪽)'를 한다.

지도자 MEMO 좌우 패스 페인트모션을 잘 활용하면 인터셉트하려는 수비수의 손을 피할 수 있다. 이때 공을 빨리 움직이는 것이 포인트다.

패스	중요도 ★★★★
	난이도 ★★★

프로그램 116

패스 페인트모션 ②(상하)

장소 어디에서나 가능

목표 공을 위에서 던질 것처럼 페인트모션을 취한 후 아래로 내려 던진다. 자연스럽게 구사할 수 있게 되면 플레이의 폭이 넓어진다.

▲ 위에서 패스를 하는 척한다.

▲ 이어서 오른쪽으로 발을 내딛어 옆에서 패스한다.

순서
① 2인 1조로 4m 정도의 간격을 벌리고 선다.
② 패스하는 선수는 공을 정수리 부근으로 가져가 패스하는 척한다. 이어서 공을 아래로 내려 오른쪽으로 발을 내딛으며 '원 핸드 푸시 패스(167쪽)'를 한다.

지도자 MEMO 패스는 기본적으로 상하좌우 어디로든 보낼 수 있어야 한다. 그러므로 한 방향으로 연습했다면, 반대 방향으로도 연습한다.

패스 | 중요도 ★★★
난이도 ★★★★
장소 어디에서나 가능

프로그램 117

패스 페인트모션 ③(타이밍)

목표 패스를 하려다가 한 번 멈춰 타이밍을 속여 던지는 패스다. 먼저 '오버 헤드 패스'로 감각을 익히자.

페인트모션 동작이므로 실제로는 던지지 않는다

순서

① 2인 1조로 4m 정도의 간격을 벌리고 선다.
② 패스하는 선수는 양손으로 공을 잡고 '오버 헤드 패스(169쪽)' 하는 척 하다가 한 번 멈춘다. 그 후 최대한 예비 동작을 넣지 말고 패스한다.
③ 파트너는 공을 받은 후 같은 동작으로 패스한다. 이것을 반복한다.

▲ 공을 정수리 부근으로 올려 '오버 헤드 패스' 자세를 취한다.

▲ 공을 빨리 앞으로 옮겨 패스하는 척한다.

예비 동작은 최대한 작게

선수에게 여기서는 페인트모션을 '오버 헤드 패스'로 소개했지만, 다른 패스로도 활용할 수 있다. 다양한 패스에 페인트모션을 걸어 시도해보자.

▲ 동작을 멈춘 후 최대한 자세를 바꾸지 않고 패스하도록 의식한다.

▲ 실제로 '오버 헤드 패스'를 한다.

지도자 MEMO 한 번 모션을 멈춤으로써 수비수의 동작을 멈추게 하고, 언제 패스를 할지 예측할 수 없도록 만든다. 따라서 공을 다시 머리 위로 높이 쳐들면 상대도 자세를 가다듬을 여유가 생기므로 최대한 예비 동작을 넣지 않는 자세에서 패스하는 것이 포인트다.

패스 | 중요도 ★★★
난이도 ★★★★
장소 하프코트

사이드라인 투 사이드라인

목표 긴 패스를 주고받을 때의 신체 사용법과 감각을 익힌다. 다양한 패스를 접목해 원하는 곳에 정확하게 패스할 수 있도록 하자.

4~6m 정도의 간격으로 대면 패스를 실시한다

← 패스

순서

① 2인 1조로 양 사이드라인에 각각 선다(4~6m).
② '체스트 패스(162쪽)'로 패스를 주고받는다. 이것을 1분 간 반복한다.
③ 두 선수 간의 간격을 양쪽 사이드라인으로 넓힌다. 같은 방법으로 1분 간 패스를 주고받는다. 마찬가지로 '오버 헤드 패스(169쪽)'와 '베이스볼 패스(169쪽)'로도 연습한다.

양쪽 사이드라인에 서서 대면 패스를 실시한다. '오버 헤드 패스'와 '베이스볼 패스'도 연습한다

← 패스

응용 사이드라인에서 사이드라인까지 공을 전달하기란 쉬운 일이 아니다. 매일 연습해 비거리를 늘리도록 한다. 4~6m 정도를 기본으로 하여 패스가 정확해지면 그 후에 다양한 거리의 대면 패스를 연습해보자.

지도자 MEMO 우선은 4~6m 정도로 서서 패스 받는 사람이 쉽게 받고 다음 플레이로 이을 수 있도록 가슴 쪽으로 보내는 패스를 주고받는다. 그 후 속공이나 존 오펜스(Zone Offence, 지역 방어를 무너뜨리기 위해 빠른 패스로 존 안에서 컷 인을 시도하는 공격법) 등 먼 위치에 있는 동료에게 패스할 때 사용되는 긴 패스를 연습한다.

패스	중요도	★
	난이도	★★

프로그램 119 — 투 볼 패스 ①(상하) Two ball pass

장소: 어디에서나 가능

목표 ▶ 2개의 공을 사용해 빠르고 정확하게 패스하는 기술을 익힌다.

순서

① 2인 1조로 4~6m 정도의 간격을 벌리고 선다. 각자 공을 가진다.
② 한 선수는 '체스트 패스(162쪽)', 다른 한 선수는 '바운스 패스(167쪽)'으로 동시에 패스한다.

지도자 MEMO
패스를 동시에 주고받음으로써 플레이의 정확성과 빠른 판단력을 키울 수 있다. 호흡을 맞추지 않으면 실패 확률이 크므로 결과적으로 팀워크를 키우는 데에도 도움이 된다.

▲ 2개의 공을 사용해 두 선수가 동시에 패스를 주고받는다.

패스	중요도	★
	난이도	★★

프로그램 120 — 투 볼 패스 ②(좌우) Two ball pass

장소: 어디에서나 가능

목표 ▶ '투 볼 패스 ①(상하)'과 마찬가지로 두 선수가 동시에 패스를 주고받으며 패스의 기술을 향상시킨다. 여기서는 '원 핸드 푸시 패스'로 좌우 방향으로 패스를 주고받는다.

순서

① 2인 1조로 4~6m 정도의 간격을 벌리고 선다. 각자 공을 가진다.
② 두 선수가 동시에 '원 핸드 푸시 패스(167쪽)'로 패스한다. 단 공이 부딪히지 않도록 각자 같은 방향으로 공을 패스한다.

지도자 MEMO
오른손으로 패스를 주고받을 때는 서로 상대의 왼쪽 허리 바깥쪽으로 패스한다. 연속해서 패스할 경우에는 그 공을 빨리 오른쪽 허리 바깥쪽으로 이동시켜 패스한다.

▲ 서로 똑같이 오른쪽부터 동시에 패스한다.

패스	중요도 ★★
	난이도 ★★★

프로그램 121 훅 패스 Hook pass

장소 하프코트

목표 점프와 동시에 한 손으로 패스하는 방법을 익힌다. 패스 후에 패스한 방향으로 몸을 돌려 착지하는 연습은 '훅 슛'의 실력 향상에도 도움이 된다.

▲ 두 선수 모두 사이드라인에 서고 Ⓐ가 공을 잡는다.

▲ Ⓐ는 드리블하며 페인트 에어리어로 나간다.

공을 손바닥 안에서 굴리듯이 팁에서 릴리스

두 번째 발의 스텝 위치는 프리스로 라인 위가 기준

▲ 좌우 번갈아 스텝을 밟고 두 번째 발로 점프하며 Ⓑ에게 '훅 패스'한다.

패스한 방향으로 몸을 돌려 착지

▲ 패스한 쪽으로 몸이 향하도록 착지한다.

순서

① 2인 1조로 사이드라인 위에 나란히 서고, 앞에 선 선수 Ⓐ가 공을 잡는다.
② Ⓐ는 페인트 에어리어 방향으로 2~3회 드리블한 후 한 발씩 번갈아 스텝을 밟는다.
③ 두 번째 발로 점프하면서 몸을 옆으로 돌리고 한 손으로 공을 높이 들어 '무빙 훅 슛(62쪽)'의 요령으로 Ⓑ에게 패스한다.
④ 패스한 방향을 마주 보고 착지한다.

지도자 MEMO 상완이 귀에 닿을 듯한 자세로 패스하는 것이 포인트다. 그리고 착지할 때 두 발이 리시버 쪽을 향하도록 자연스럽게 몸을 틀어 패스한다. 이 동작이 가능해지면 그대로 몸을 틀지 말고 옆으로 향한 상태로 패스한 다음 착지하는 동작도 연습한다. 패스에 힘이 잘 들어가지 않아 어렵지만 익숙해지면 드리블로 돌파하다 패스로 전환할 때 효과적으로 사용할 수 있다.

▶ 옆으로 착지하는 패턴도 연습해 두면 좋다.

패스

프로그램 122

연속 패스

중요도 ★★★★
난이도 ★★★★
장소 어디에서나 가능

목표 3명의 선수가 2개의 공을 사용하는 패스 연습이다. 패스 받은 후 바로 다른 선수에게 패스하는 동작, 그리고 패스한 후 바로 패스 받는 자세로 돌아오는 동작을 익힌다.

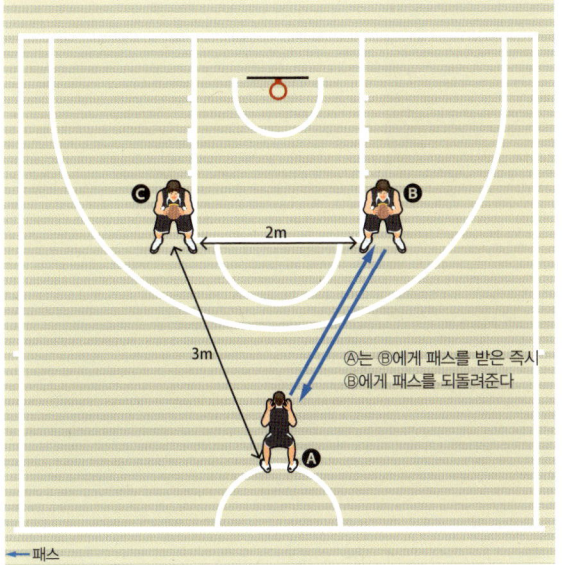

순서

① 3인 1조로 실시한다. ⓐ가 중점적으로 패스 연습을 하게 된다.
② ⓑ가 ⓐ에게 '체스트 패스(162쪽)'를 한다.
③ ⓐ는 ⓑ에게 다시 '체스트 패스'로 공을 돌려준 후 즉시 ⓒ를 살핀다. ⓒ는 ⓐ가 패스 받을 수 있는 타이밍을 계산해 1초의 여유도 주지 않고 공을 ⓐ에게 패스한다. 이것을 20초씩 시계방향으로 로테이션하면서 2분 간 실시한다.

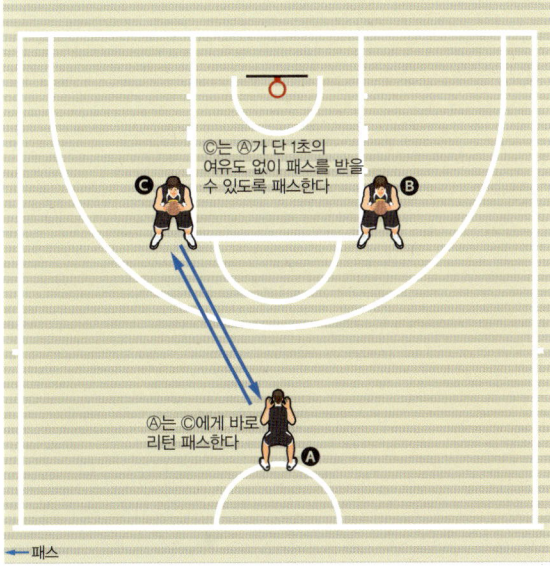

응용 중심이 되는 선수가 봤을 때 두 선수 사이의 각도는 45도 정도가 기본이지만, 익숙해지면 90도로 서서 시야를 넓게 확보하는 것도 좋다. 나아가 180도 즉, 중심이 되는 선수의 좌우에 다른 두 선수가 위치하면, 중심이 되는 선수가 턴하면서 패스를 하는 더 어려운 기술도 연습할 수 있다.

지도자 MEMO 2인 1조로 실시하는 '대면 패스'와 '연속 패스'의 차이점은 중심이 되는 선수에게 더 빠른 패스와 캐치 동작을 필요로 하고, 몸의 방향은 그대로 둔 채 패스의 방향을 바꿔야 한다는 점이다. 이 연습을 반복하면 시야를 넓게 확보하면서 고개를 움직이지 않고 패스와 캐치를 할 수 있게 된다.

패스

프로그램 123

2 대 1 패스 교환 ①

중요도	★★★★★
난이도	★★★★
장소	어디에서나 가능

목표 '대면 패스'에 수비수를 넣어 좀 더 실전에 가까운 패스 연습을 한다. 페인트모션을 활용하자.

▲ 수비수는 패스하는 선수를 마크한다.

순서

① 3인 1조로 실시한다. 패스를 보내는 두 선수는 3~5m 정도의 간격을 두고 선다.
② 수비수는 공을 가지고 있는 선수를 마크하며 인터셉트를 노리고, 공을 가진 선수의 몸을 터치한 후에 패스를 시작한다. 이것을 20초씩 3명이 로테이션하면서 1~2분 간 실시한다.

 지도자 MEMO
'패스는 수비수가 터치한 후에 한다'라는 규칙은 압력을 받는 상황에서 기술을 연마하기 위해 만든 것이다.

패스

프로그램 124

2 대 1 패스 교환 ②(로브 패스)

중요도	★★★
난이도	★★★★
장소	하프코트

목표 수비수의 정수리를 넘어가는 곡선 모양의 패스이다. 수비수가 리시버 앞에 포지션을 잡을 경우 사용한다.

곡선을 그리며 패스한다

← 패스

순서

① 3인 1조로 실시한다. 패스를 주고받는 두 선수는 그림과 같은 포지션에 3m 정도 떨어져 선다. 수비수는 패스 받을 사람의 50cm 정도 앞에 선다.
② 패스하는 선수는 곡선을 그리며 패스한다. 이를 20초씩 3명이 로테이션으로 1~2분 간 실시한다.

 지도자 MEMO
'로브 패스'는 수비수가 리시버 앞에 포지션을 잡을 경우 필요한 기술로, '오버 헤드 패스(169쪽)'로 던진다. 패스 속도를 늦추지 말고 평상시보다 공에 스핀을 많이 넣어 패스의 정점이 수비수의 정수리 부근이 되도록 한다.

패스

중요도 ★★★
난이도 ★★★★
장소 어디에서나 가능

프로그램 125

2 대 1 패스 교환 ③(로테이션)

'2 대 1 패스 교환 ①'의 변형이다. 패스한 선수가 다음 수비수가 되며, 패스할 때마다 로테이션하기 때문에 운동량을 늘릴 수 있다.

▲ 수비수는 패스하는 선수를 마크하며 인터셉트를 노린다.

▲ 패스하는 선수는 패스한 다음 수비수와 역할을 바꾼다.

▲ 패스한 선수는 공을 쫓아 수비수를 하러 간다.

▲ 패스한 후 역할을 바꾼다.

순서

① 3인 1조로 실시한다. 패스를 주고받는 두 선수의 거리는 3~5m 정도이다.
② 패스하는 선수는 패스 후 수비수가 된다.
③ 수비수는 인터셉트를 노리며 패스를 완료한 선수와 교대해 다음 패스를 받는다.
④ 리시버는 그 자리에서 다시 패스한다. 이를 1분 간 실시한다.

지도자 MEMO 동작이 복잡하게 느껴질지도 모르지만 익숙해지면 간단하다. 패스를 받은 후 최대한 틈을 주지 말고 빨리 패스하도록 하자. 수비수에게 인터셉트당하지 않고 리듬감 있게 실시하기 위해서는 수비수의 손동작을 잘 보는 것이 포인트다.

선수에게 공격수가 2명, 수비수가 1명인 패스 연습은 '연속 패스'와 마찬가지로 중요도가 높은 연습이다. 동작을 넣거나 이동하는 등의 방법을 연구하여 다양한 패턴을 연습하자.

패스	중요도 ★★★
	난이도 ★★

풀코트 투 맨 Full court two man

장소 풀코트

목표 동료와의 거리나 달리는 속도를 고려해 상대보다 약간 앞쪽으로 패스한다.
패스를 주고받는 횟수에 따라 스텝 수와 보폭이 달라지므로 감각을 익힌다.

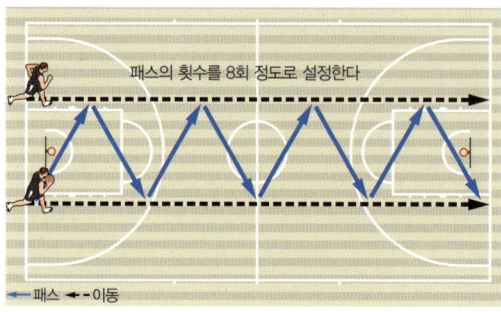

순서

① 2인 1조가 되어 3m 정도 간격을 두고 베이스라인 위에 선다. 한 선수가 공을 잡는다.
② 나란히 달리며 정해진 수의 패스를 교환하면서 반대 사이드의 베이스라인까지 간다.

 지도자 MEMO 두 선수가 풀코트를 이용해 달리면서 패스를 주고받는다. 이때 드리블은 하지 않는다. 교환하는 패스의 수를 편도 8회, 5회, 3회로 정한다.

패스	중요도 ★★
	난이도 ★★★

하프코트 투 맨 ①

장소 하프코트

목표 '풀코트 투 맨'을 경쟁적으로 실시하여 좀 더 빠른 동작으로 패스를 주고받을 수 있도록 한다.

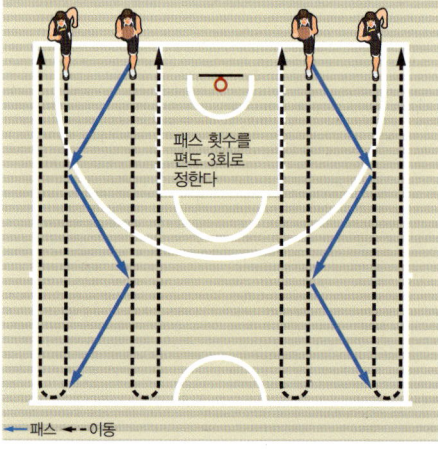

순서

① 2인 1조의 2쌍이 실시한다. 각각 그림과 같이 나란히 서고 안쪽의 두 선수가 공을 잡는다.
② 나란히 달리면서 정해진 횟수의 패스를 주고받는다. 센터라인에서 방향을 꺾어 동일하게 패스를 교환하며 되돌아온다. 왕복하는 횟수는 임의로 정한다.

 지도자 MEMO 패스를 교환하는 횟수를 센터라인까지 3회로 정한다. 센터라인에서 방향을 꺾기 때문에 빠르게 반환점을 돌 줄 알아야 한다.

패스

중요도	★★
난이도	★★★
장소	하프코트

프로그램 128 하프코트 투 맨 ②(와이드)

목표 하프코트에서 이동하며 패스를 주고받는 연습이다. 올 때와 갈 때 두 선수 사이의 간격에 변화를 줌으로써 거리에 따라 적절한 패스를 할 수 있는 능력을 키운다.

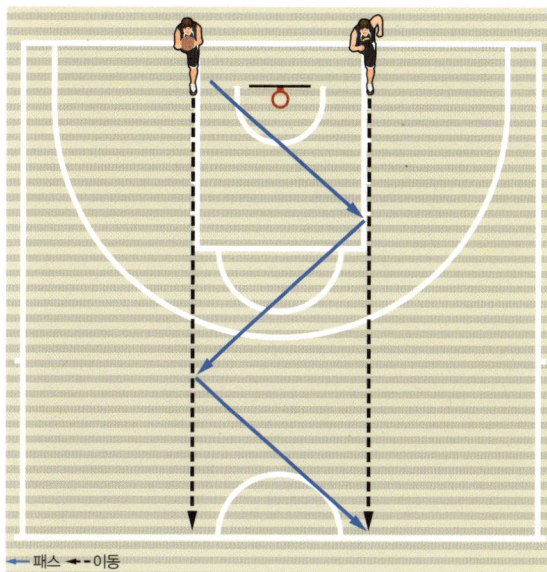

← 패스   ←- 이동

순서

① 2인 1조로 그림과 같이 베이스라인 위에 서서 한 선수가 공을 잡는다.

② 나란히 달리면서 패스를 주고받는다. 센터라인에 도착하면 그 시점에 공을 가지고 있던 선수는 드리블하며 사이드라인으로 이동한다. 그리고 반대편 사이드라인으로 가 있는 파트너에게 다시 패스한다.

③ 각각 사이드라인을 따라 '로브 패스(176쪽)'하며 베이스라인까지 돌아온다.

← 패스   ←- 이동   ← 드리블

선수에게 나란히 달리면서 패스 교환을 할 때는 타이밍을 맞추는 것이 포인트이므로 빨리 패스를 주고 빨리 패스에 대응해야 한다. 그리고 긴 패스를 할 때는 전완을 비틀고 손가락 끝의 힘과 다리 힘을 사용한다.

지도자 MEMO 달리면서 긴 패스를 하는 것은 어렵다. 근력도 중요하지만, 리시버의 이동 속도를 보고 패스를 어느 위치에 주어야 하는지 예측해야 하기 때문이다. 이 연습에서는 리턴 시 코트 중앙에 수비수가 있다고 가정하고 곡선을 그리는 '로브 패스(176쪽)'를 하도록 한다. 거리가 먼 패스인 만큼 연습을 많이 해야 한다.

Column About the Basketball

패스 연습에 관한 개념

우선은 원하는 장소에 패스할 수 있도록 한다

패스는 전달되어야만 의미가 있다. 그래서 패스를 하는 선수와 받는 선수 모두 움직이면서 원하는 포지션에서 최상의 방법으로 패스를 주고받아야 하는 것이다. '대면 패스'는 움직임이 없어 연습할 필요가 없다고 생각하는 지도자도 있을 것이다. 하지만 이는 잘못된 생각이다. '대면 패스' 연습은 다양한 패스를 원하는 곳에 정확히 보낼 수 있게 만드는 기술을 향상시키기기 때문이다. 또한 패스의 책임은 주는 선수와 받는 선수 두 사람에게 있으므로 리시버도 패스를 확실히 받는 연습을 하도록 하자.

패스를 잘하기 위해 반드시 필요한 '2 대 1 패스' 연습

수비수가 패스를 인터셉트할 수 있는 것은 볼이 손에 닿을 수 있는 거리에 있기 때문이다. 반대로 생각하면 수비수의 손이 닿지 않는 거리이거나, 손이 닿더라도 대응할 수 없는 상황이라면 패스는 전달될 수 있다. 따라서 실전 훈련으로 공격수 2명과 수비수 1명으로 연습하는 '2 대 1 패스' 연습이 좋다. 공격이 유리한 연습은 눈앞의 수비수를 피해 패스하는 능력을 향상시킬 수 있기 때문이다. 또한 리시버가 수비수의 손이 닿지 않는 곳으로 이동하는 연습을 하는 것도 좋다.

팀 연습 시에는 풀코트를 세로로 1/4로 나눈 코트에서 드리블 없이 공을 반대편 끝까지 전진시키는 '2 대 2 패스', 그리고 풀코트를 사용해 드리블 없이 슛까지 연결시키는 '3대 3 패스'로 수준을 끌어올린다. 팀 전체가 로테이션하면서 하는 연습과 함께 공을 만질 기회를 늘릴 수 있는 '대면 패스'도 연습하자. 그리고 '2 대 1 패스'와 같이 수비수를 포함시키고, 동작을 넣고, 거리를 넓혀 나가다 보면 좀 더 실천적인 기술로 향상시킬 수 있다.

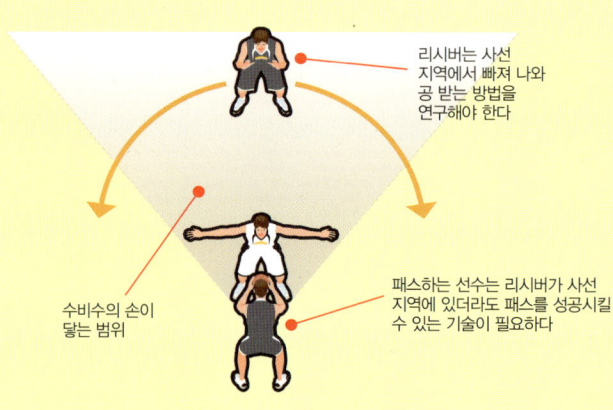

리시버는 사선 지역에서 빠져 나와 공 받는 방법을 연구해야 한다

수비수의 손이 닿는 범위

패스하는 선수는 리시버가 사선 지역에 있더라도 패스를 성공시킬 수 있는 기술이 필요하다

제6장
리바운드
Rebound

리바운드는 무엇보다 공을 잡으려는 강한 의욕이 필요하다.
또한 '공이 어디에 떨어질지 예상하는 능력'과 '몸을 사용한 유리한 포지셔닝'도 포인트다.
보드(리바운드)를 지배하는 사람이 경기를 지배한다!
슛은 빗나가기 마련이라고 생각하고 다음 플레이로 진행하도록 하자.

개인기 향상을 위해 / 리바운드

리바운드의 기초 지식

1. 리바운드의 개념

보드를 지배하는 자가 경기를 지배한다

'보드(리바운드)를 지배하는 자가 경기를 지배한다'라는 말이 있을 정도로 리바운드는 승패를 좌우하는 중요한 요소이다. 슛을 쏘았을 때 빗나가는 볼을 잡아 공격을 재개하는 것은 양 팀 모두 해야 할 플레이기 때문에 어쩌면 가장 치열한 싸움이 될 수 있다. 리바운드를 잡는 법을 확실히 익히자.

공이 어디에 떨어질지 예상한다

리바운드는 포지션이나 신장 관계없이 공을 잡겠다는 강한 의욕과 '공이 어디에 떨어질지 예상하는 능력'이 필요하다.

리바운드 볼이 떨어지는 경향을 알면 리바운드를 잡을 수 있는 확률이 높아진다.

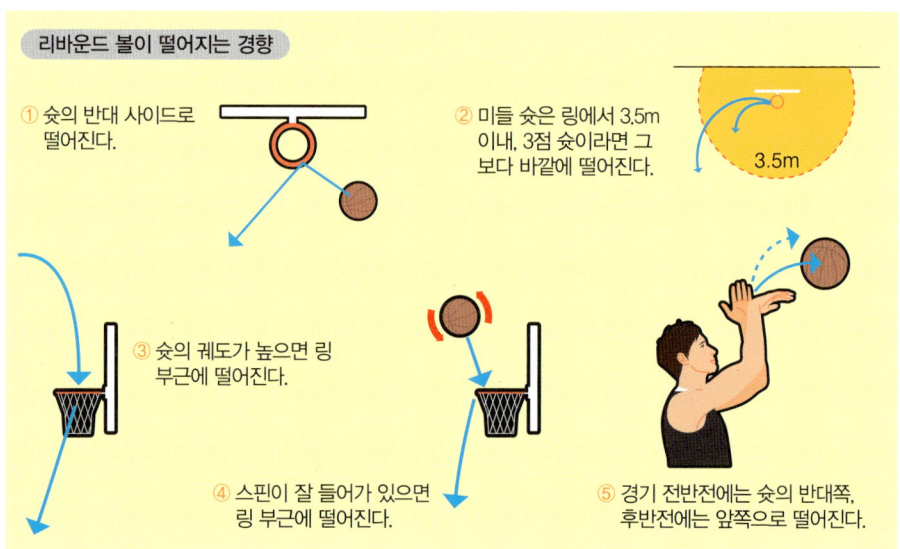

리바운드 볼이 떨어지는 경향
① 슛의 반대 사이드로 떨어진다.
② 미들 슛은 링에서 3.5m 이내, 3점 슛이라면 그보다 바깥에 떨어진다.
③ 슛의 궤도가 높으면 링 부근에 떨어진다.
④ 스핀이 잘 들어가 있으면 링 부근에 떨어진다.
⑤ 경기 전반전에는 슛의 반대쪽, 후반전에는 앞쪽으로 떨어진다.

'블록 아웃'은 중요한 테크닉이다

본 장의 기술 해설에서는 '블록 아웃(Block out, 몸을 상대에게 바싹 붙여 자기보다 안쪽으로 들어오지 못하게 하는 것)'과 '투 핸드 리바운드', '원 핸드 리바운드'를 소개한다.

리바운드라고 하면 점프해서 잡는 체력적인 장면만 생각하여 '블록 아웃'을 간과하기 쉽지만, 사실 매우 중요한 포인트다. 의지력으로 해결할 수 있는 부분이므로 연습할 때부터 의식하자.

2. 리바운드의 포인트

수비 리바운드

상대가 슛을 쏘면 제일 먼저 '블록 아웃' 한다

본 장에서는 연습 프로그램을 '수비 리바운드'와 '공격 리바운드'로 나누어 소개한다. 기본적으로 리바운드에 있어서 수비수는 공격수보다 골과 가까운 위치에 있으므로 더 유리하다. 따라서 수비는 확실하게 수비 리바운드를 잡을 수 있도록 연습해야 한다.

수비 리바운드의 철칙은 '블록 아웃 후 리바운드'이다. 이는 '히트 & 리바운드'라고도 불리는데, 슛을 쏜 공격수를 어떻게든 '블록 아웃' 하는 것을 목적으로 한다. 이는 공격수를 마크하는 선수뿐 아니라 모든 수비수에게 공통되는 사항이다.

공격 리바운드

상대를 따돌려 유리한 포지션을 잡는다

'공격 리바운드를 잡는다'라는 것은 공격의 횟수를 늘릴 수 있다는 것을 뜻한다. 공격수로서는 더 바랄 나위 없는 상황이므로 당연히 수비수는 필사적으로 이를 막으려 하게 된다. 이 밀고 당기기에서 이기기 위해서는 '어떻게 상대보다 유리한 포지션을 잡을 수 있는가'가 중요하다. 상대를 따돌리고 좋은 포지션으로 들어가자.

'공격 리바운드'가 '수비 리바운드'보다 어려운 것은 사실이지만 '의욕, 예상, 테크닉'이라는 3가지 요소가 맞으면 리바운드를 잡을 수 있다. '테크닉'과 마찬가지로 '의욕'과 '예상'이라는 눈에 보이지

▲ 공격 리바운드는 포지션을 잡는 것이 중요하다.

않는 요소를 향상시켜 좋은 리바운더가 되겠다는 목표를 정하자.

3. 연습 시 주의사항

연습 때부터 슛이 튕겨 나오는 장소를 관찰한다

리바운드에서는 '공이 어디에 떨어질까'를 예상하는 능력이 중요하다. 그래서 평소 연습 때 슛한 공이 어디로 떨어지는지를 관찰하고, 빗나간 공의 위치를 파악하기만 해도 좋은 능력을 익히게 될 것이다. '슛이란 원래 빗나가는 것이다'라고 생각하고 상대팀이 슛을 쏘면 무조건 리바운드를 위해 뛰어들자. 지도자도 '슛'과 '패스' 기술만 중시하기 쉽다. 하지만 리바운드가 득점으로 이어지는 플레이인 만큼 신경을 써야 한다.

리바운드

블록 아웃 Block out

'하나, 둘'의 타이밍으로 상대에게 다가가 마크한다

Step 01 상대편 공격수가 슛을 하면 바로 마크에 들어간다.

턴한 뒤 공의 행방을 쫓는다

턴은 '프런트 턴'이든 '백 턴'이든 상관없다

Step 02 상대를 잡은 후 몸 전체로 상대의 동작을 묶으며 턴한다.

'셋'의 타이밍에 공을 본다

'팔 → 어깨 → 등 → 허리 → 엉덩이' 순으로 몸을 상대에게 바싹 댄다

Step 03 상대에게 밀착하면서 몸을 골 방향으로 향한다.

중심을 낮추고 엉덩이를 상대의 허벅다리에 밀착시키도록 의식한다

팔꿈치를 펴 몸을 크게 사용한다

Step 04 몸 전체를 사용해 상대의 골 밑 침입을 막는다.

'하나, 둘'에 상대를 확인하고 '셋'에 블록 아웃한다

리바운드를 잡기 위한 철칙은 공이 골에 튕겨 나올 때 상대보다 골 쪽 가까이에 있어야 한다는 것이다. 이를 위해서는 몸 전체를 사용해 상대의 침입을 막는데, 이 동작을 '블록 아웃'이라고 한다. 슛한 공은 '하나, 둘, 셋'을 세는 사이에는 공중에 있다. 경기 중 유일하게 공에서 눈을 떼도 되는 때이다. '하나, 둘'의 타이밍에 상대의 동작을 파악하고 '셋'에서 턴해 공을 본다. 또한 블록 아웃은 최대한 골에서 먼 위치(이상적인 것은 링에서 3.5m 거리)에서 실시하는 것도 중요한 포인트다.

리바운드

슈터에 대한 블록 아웃

상대와의 거리가 있다면 한 발자국 앞으로 내딛는다.

Step 01 우선 슛을 블록 아웃한다.

엉덩이를 상대의 허벅다리에 밀착시킨다는 생각으로 '블록 아웃' 한다

Step 02 턴한 후 몸 전체를 사용해 슈터의 골 밑 침입을 막는다.

슈터에 대한 블록 아웃도 잊지 말아야 한다

보통 슈터가 슛을 쏘고 나면 수비수는 슛 블록 아웃에만 신경 쓴 나머지 슛 이후의 블록 아웃을 간과하기 쉽다. 하지만 슈터가 슛을 했다면, 이후 다시 슛을 잡으려는 슈터를 막아야 한다.

슈터와의 거리가 있을 경우, 슈터 쪽으로 한 발자국 앞으로 내딛어 거리를 좁히는데, 이는 슈터를 마크하고 있을 때 뿐만 아니라 수비 시의 블록 아웃에도 공통되는 기술이다.

리바운드

투 핸드 리바운드 Two hands rebound

점프의 정점에서 공을 양손으로 잡는다

두 발로 바닥을 차고 점프한다

Step 01 블록 아웃 후에 점프해서 공을 잡는다.

어깨 너머로 상대의 위치와 동작을 확인한다

손가락 끝을 위로 향하게 하여 공을 잡는다

공을 잡은 후에는 즉시 가슴으로 공을 끌어당긴다

Step 02 공을 빨리 가슴으로 끌어당기고 어깨 너머로 상대를 확인한다.

공을 잡은 후에는 즉시 공을 가슴으로 끌어당긴다

'투 핸드 리바운드'란 문자 그대로 양손으로 리바운드 볼을 잡는 기술이다. 이 기술을 쓰기 위해서는 먼저 상대를 확실하게 '블록 아웃' 해야 한다. 그리고 골대에서 튕겨 나오는 공의 타이밍을 확인하고 점프해, 점프의 정점에서 공을 잡는다. 공을 잡은 후에는 즉시 공을 가슴 쪽으로 끌어당기고 팔꿈치를 벌려 킵하고, 어깨 너머로 상대의 위치와 동작을 확인하여 다음 플레이로 옮긴다.

리바운드

원 핸드 리바운드 One hand rebound

Step 01 블록 아웃 후에 점프하여 한 손으로 공을 컨트롤한다.

두 발로 바닥을 차고 점프한다

Step 02 공을 빨리 가슴 쪽으로 끌어당기고 어깨 너머로 상대를 확인한다.

어깨 너머로 상대의 위치와 동작을 확인한다

반대편 어깨 쪽으로 공을 끌어당긴다

잡은 손의 반대편 어깨로 공을 끌어당긴다

리바운드는 '블록 아웃'한 후에 점프의 정점에서 공을 양손으로 잡는 것이 기본이지만 공이 반드시 예상대로 튕겨 나오란 법은 없다. 자기가 예상한 곳과 다른 곳으로 공이 튕겨 나왔다면 한 손으로 공을 컨트롤하여 자기 것으로 만들어야 한다. 공을 컨트롤한 후에는 잡은 손의 반대편 어깨 쪽으로 공을 끌어당겨 빨리 가슴으로 옮긴 뒤 어깨 너머로 상대의 위치와 동작을 확인한다.

수비 리바운드

중요도 ★
난이도 ★★★★

프로그램 129 슈퍼맨 Superman

장소 하프코트

목표 백보드를 사용하는 리바운드 연습이다. 공을 향해 먼 곳에서 달려 들어가고, 최대한 먼 곳으로 착지해 공을 캐치하는 감각을 키운다.

▲ 프리스로 라인 위에서 시작해 백보드에 공을 던진다.　▲ 한 발로 바닥을 차고 점프한다.

▲ 공중에서 공을 잡는다.　▲ 반대편 프리스로 라인 위에 착지한다.

순서

① 프리스로 라인 위에서 공을 잡는다.
② 백보드를 향해 공을 던지고 골 밑으로 달려간다.
③ 리바운드 볼을 잡아 반대편 프리스로 라인 위 부근에 두 발로 착지한다.
④ 반대편에서도 같은 동작으로 실시한다. 이것을 30초 정도 혹은 공을 10번 잡을 때까지 반복한다.

지도자 MEMO '슈퍼맨'이라는 이름처럼 공을 향해 달려 들어가는 연습이다. 설령 멀리 있는 공이라 하더라도 '어떻게든 리바운드를 잡겠다'라는 생각으로 뛰어들어 감각을 익힌다.

응용 목표는 프리스로 라인 위에서 바닥을 차고 반대편 라인 위까지 점프하는 것이다. 우선은 골 근처에서부터 시작하고, 점프할 때는 최대한 좌우로 크게 이동하는 연습부터 시작하면 좋다.

수비 리바운드

중요도	★★
난이도	★★
장소	페인트 에어리어

프로그램 130

연속 탭

목표 연속 점프하며 보드에 공을 맞춤으로써 최대한 높은 위치에서 공을 접할 수 있게 한다. 워밍업으로도 사용된다.

어느 쪽이든 한 손으로만 실시한다

▲ 코트 밑에서 점프한다.

가슴을 펴고 손가락 끝이 공에 닿도록 한다

약간 빠르다 싶은 타이밍으로 연속해 실시한다

▲ 백보드에 공을 맞추기를 반복한다.

순서

① 골 밑에서 공을 잡는다.
② 두 발로 점프하며 한 손으로 백보드에 공을 맞춘다.
③ 착지와 동시에 점프하고 튕겨 나오는 공을 백보드에 다시 맞춘다. 이 동작을 20회 정도 반복한다.

 지도자 MEMO 점프한 상태에서 공을 컨트롤하는 플레이를 '탭'이라고 한다. 경기에서는 상대의 리바운드 타이밍을 빗나가게 하려고 '탭'을 사용하는 경우가 있는데, 최대의 높이, 몇 번이라도 연속해서 점프하는 자세가 필요하다. '연속 탭'은 이러한 감각을 익히는 데 효과적이다.

응용 혼자서 연습할 때는 선 상태에서의 점프가 된다. 만일 팀 연습에 넣는다면 줄을 서서 달려 들어오면서 점프로 차례차례 탭을 하는 방법도 있다. '오른손과 왼손', '양발 점프와 한 발 점프' 등을 균형 있게 연습하도록 한다.

수비 리바운드

프로그램 131

한 손으로 끌어당기기

중요도 ★★
난이도 ★★★
장소 페인트 에어리어

목표 '연속 탭'과 같은 동작을 한 후 골과 가까운 쪽 손으로 공을 잡는다. 경기라고 생각하고 착지했을 때의 공의 위치도 체크하자.

순서
① 골 밑에서 공을 잡는다.
② '연속 탭(189쪽)'을 몇 번 반복한다.
③ 최대한 높은 위치에서 한 손으로 공을 터치해 끌어당긴다.
④ 공중에서 몸을 비틀어 골을 옆으로 보고 무릎을 깊이 굽혀 착지한다.

▲ 골 밑에서 '연속 탭'을 몇 번 실시한다.

▲ 최대한 높은 위치에서 공을 캐치한다.

NG 리바운드 시에 흔히 볼 수 있는 것이 공을 잡은 후, 착지할 때 공을 배 부근까지 내리는 장면이다. 하지만 배 부근까지 내리면 상대에게 공을 뺏길 가능성이 높아진다. 가슴과 어깨의 윗부분으로 팔꿈치를 벌려 확실히 공을 킵하자.

▲ 캐치한 손의 반대편 어깨까지 공을 끌어당긴다.

▲ 골을 옆으로 바라보고 착지한다.

지도자 MEMO 공을 끌어당길 때 공을 잡은 손의 반대편 어깨까지 힘차게 끌어당기는 것이 포인트다. 백보드를 사용하지 않을 경우에는 그 자리에서 공을 던져 올려 같은 연습을 할 수 있다.

수비 리바운드

중요도 ★★★
난이도 ★

프로그램 132 서클 블록 아웃 Circle block out

장소 | 서클

목표 센터 서클과 프리스로 서클의 라인을 이용한 리바운드 전술을 익힌다.

▲ 서클 중앙에 공을 놓은 뒤, 라인을 사이에 두고 Ⓐ와 Ⓑ가 마주 본다.

순서

① 2인 1조로 실시한다. 서클의 중앙에 공을 두고 수비수Ⓐ는 라인의 안쪽, 공격수Ⓑ는 바깥쪽에 서서 마주 본다.
② 지도자의 신호에 따라 Ⓐ는 '블록 아웃(184쪽)'의 요령으로 Ⓑ의 진입을 막는다. 이것을 3회 실시 후 Ⓐ와 Ⓑ의 역할을 바꾼다.

페인트모션 등을 사용하면서 '블록 아웃'을 피해 공을 잡으려고 한다

팔을 벌리고 엉덩이로 막는다

▲ 지도자의 신호에 따라 Ⓐ는 공을 잡으려고 하는 Ⓑ를 몸으로 '블록 아웃' 한다.

선수에게 농구는 기본적으로 신체 접촉이 금지되어 있지만 리바운드 경쟁에서는 접촉이 불가피하다. 그러므로 파울을 당하지 않으려면 손을 사용하기 보다는 몸으로 상대와 맞부딪친다고 생각해야 한다.

지도자 MEMO 수비수는 상대가 공과 가까워지지 못하도록 자세를 잡는 것이 중요하다. 스탠스는 넓게 잡고 두 팔을 벌려 상대를 엉덩이로 막는 자세를 취한다. 공격수는 좌우 페인트모션 등을 사용하면서 빠져나가 공을 잡는 것을 목표로 한다.

수비 리바운드

정글 드릴 Jungle drill

프로그램 133

중요도 ★★★
난이도 ★★★
장소 페인트 에어리어

목표 선수가 밀집되어 있는 골 밑에서 경쟁하여 리바운드를 잡아 슛으로 연결한다. 마치 상대를 다 쫓아내 버릴 것 같은 기세로 연습하자.

▲ 사진과 같은 배치로 시작한다. Ⓐ가 슛한다.

▲ Ⓐ 이외의 세 선수는 리바운드를 잡으러 간다.

리바운드 경쟁을 한다
▲ 세 선수가 리바운드 경쟁을 한다.

리바운드를 잡은 선수는 골을 노린다
▲ 공을 잡은 선수는 골을 향해 간다.

순서

① 4명이 실시한다. Ⓐ는 프리스로 라인 부근, 다른 선수들은 서클 부근에 포지션을 잡고, Ⓐ가 슛한다.
② 나머지 선수는 리바운드 경쟁을 한다(슛을 성공해도 그대로 리바운드에 뛰어든다). 리바운드를 잡은 선수는 슛을 하고, 누군가 슛을 3~5개 넣을 때까지 계속한다.

지도자 MEMO 좀 더 실전에 가까운 리바운드 연습이다. 경기에서 골 밑은 밀집지대인 만큼, '정글'과 같다 해서 연습 명이 유래되었다. 별명은 '워 온 더 보드', 즉 보드 위의 전쟁을 의미한다. '기필코 잡는다'라는 강한 마음을 가지고 실시하자.

응용 이와 같이 승패가 확실한 연습에서는 진 선수에게 체력적으로 부담이 되지 않을 정도의 '팔굽혀펴기'나 '풀코트 편도 달리기' 등의 벌칙을 정하면 좋은 자극이 될 것이다.

수비 리바운드

프로그램 134

2 대 2 정글 드릴

중요도 ★★
난이도 ★★★★
장소 페인트 에어리어

 **목표** 리바운드를 경쟁하는 선수를 4명으로 늘려, 2 대 2로 팀을 나누어 실전과 가까운 연습을 한다.

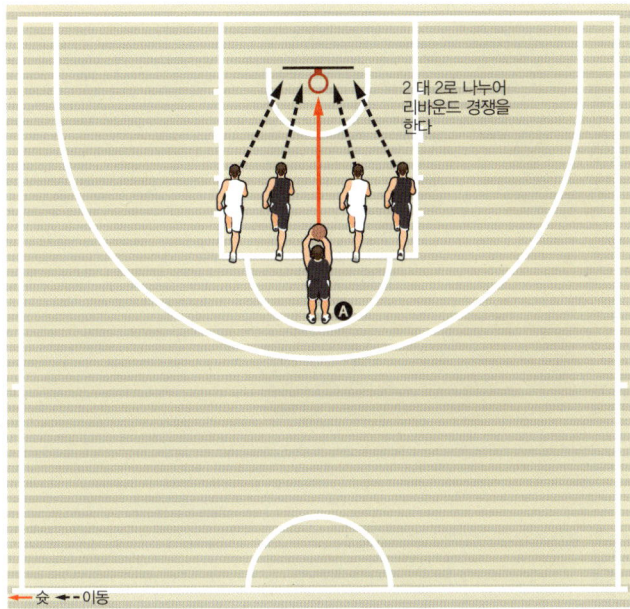

2 대 2로 나누어 리바운드 경쟁을 한다

슛 ← 이동

순서

① 5명이 실시한다. Ⓐ는 프리스로 라인 부근에, 나머지 선수들은 2 대 2로 나누어 서클 부근에 포지션을 잡는다.

② Ⓐ가 슛을 하고 나머지 선수들은 리바운드 경쟁을 한다(슛을 성공해도 그대로 리바운드에 뛰어든다). 리바운드를 잡은 선수는 다시 슛에 들어간다. 공이 페인트 에어리어 바깥으로 나가면 Ⓐ에게 공을 줘 다시 시작하고, 두 팀 중 한쪽이 슛을 3~5개 넣을 때까지 한다.

 지도자 MEMO 2 대 2로 실시하므로 상황에 따라서는 파트너가 공을 잡을 수 있도록, 파트너를 마크하는 수비수를 '블록 아웃' 해야 할 때도 있다. 하지만 골과 가까운 위치에서 하는 플레이이므로 동료에게 패스하기 보다는 페인트모션 등을 구사하여 가능하면 스스로 골을 노리도록 한다.

수비수 2명은 첫 리바운드에서 전력을 다하지 말고, 공격수가 리바운드를 잡은 시점부터 전력을 다해 수비한다

슛 ← 이동

응용 '정글 드릴'은 동료와 즐기면서 할 수 있는 실전 같은 리바운드 연습이므로 패턴을 넣는 것도 좋다. 예컨대 공격수 1명과 수비수 2명으로 왼쪽 그림과 같은 위치에서 시작하면 공격 리바운드 연습이 된다. 이 경우 제일 첫 리바운드에 대해서는 수비수가 하는 척만 하고 그 후의 슛 '블록 아웃'부터 전력을 다한다.

 공격 리바운드

중요도 ★★
난이도 ★★★
장소 어디에서나 가능

 프로그램 135

스윔 암 Swim arm

목표 공격 리바운드 시 포지션을 잡기 위한 테크닉을 익힌다. 팔을 잘 사용해 상대의 '블록 아웃'을 빠져나가자.

▲ Ⓐ는 Ⓑ의 정면에서 달려온다.

팔을 내려치며 대응한다

▲ Ⓑ의 팔이 내려가 있으면 그 팔을 위에서 내리누른다.

순서

① 수비수Ⓑ가 '블록 아웃(184쪽)' 자세를 잡는다. 공격수Ⓐ는 그 정면에 선다.

② Ⓐ는 포지션을 잡는다는 생각으로 Ⓑ의 옆을 빠져나간다. 이때 Ⓑ의 낮은 위치에 있는 팔을 위에서 누른다.

③ Ⓐ는 Ⓑ의 옆을 빠져나간 후 '파워 포지션(상대방에게 엉덩이를 대는 자세)'을 취한다.

▲ 그대로 Ⓑ의 옆을 빠져나간다.

상대방에게 엉덩이를 대고 확실하게 '블록 아웃' 자세를 취한다

▲ Ⓑ를 상대로 '블록 아웃' 자세를 취한다.

선수에게 '스윔 암'은 수비수의 팔이 낮은 위치에 있을 때 사용한다. 반면에 수비수의 팔이 높은 위치에 있다면 팔을 아래에서 위로 치켜들어 빠져나간다.

▲ 상대의 팔이 높은 위치에 있으면 자신의 팔을 들어 빠져나간다.

 지도자 MEMO 리바운드는 포지션 잡기가 중요하다. '스윔 암'은 경기 중에는 수비수도 조금이라도 더 유리한 포지션을 잡기 위해 필사적으로 대응하므로 이를 타개하기에 좋은 동작이다. 단, 팔을 무리하게 내리치지 말고 힘을 뺀 상태로 자연스럽게 실시하자.

공격 리바운드

중요도 ★★
난이도 ★★★★

프로그램 **136**

백 롤 Back roll

장소 어디에서나 가능

목표 '공격 리바운드'를 뺏기 위한 동작으로 '블록 아웃' 하는 수비수를 상대로 몸을 한 번 회전시킨 후 빠져나가 골로 향한다.

▲ Ⓐ와 Ⓑ가 마주 선 상태에서 시작한다.

한쪽 발을 앞으로 한 걸음 내딛는다
▲ Ⓐ가 한 발 앞으로 내딛어 Ⓑ와의 거리를 좁힌다.

턴으로 상대를 제친다
내딛은 발이 피벗 풋이 된다
▲ Ⓑ가 코스를 막으러 오면 내딛은 발을 축으로 턴한다.

▲ 턴으로 Ⓑ를 제친 후 골로 향한다.

순서

① 2인 1조로 실시한다. 공격수Ⓐ와 수비수Ⓑ는 마주 보고 선다.
② Ⓐ는 한 발 앞으로 내딛어 Ⓑ와의 거리를 좁히며 반응을 살핀다.
③ Ⓑ가 발을 내딛은 방향으로 대응하면 Ⓐ는 내딛은 발을 축으로 턴해 Ⓑ를 빠져나간다.

 지도자 MEMO 포인트는 한 발 내딛었을 때 수비수의 반응을 잘 보는 것이다. 대부분의 수비수는 코스를 막으려고 하겠지만 만일 반응을 보이지 않고 골 방향으로 달려 들어간다면 그대로 리바운드에 달려든다.

선수에게 '백 롤'은 수비수와 충분한 거리가 있을 때뿐만 아니라 상대에게 '블록 아웃' 당할 때도 사용할 수 있다. 반대로 수비수는 확실하게 몸을 밀착해 '블록 아웃' 한 뒤 상대의 동작을 뒤에서 살피며 '슬라이드 스텝(26쪽)'으로 대응한다.

공격 리바운드

풋 백 ①(옆으로 착지) Put back

중요도 ★★
난이도 ★★★
장소 페인트 에어리어

목표

'풋 백'은 공격 리바운드를 잡은 후 슛으로 들어가는 기술이다. 백보드에 한 번 공을 맞춘 다음 그 공을 잡아 '풋 백' 기술을 익히자.

점프의 정점에서 공을 잡는다

순서

① 프리스로 서클 안에서 공을 잡는다.
② 백보드에 슛을 해 튕겨 나오는 공을 점프해 잡는다.
③ 공중에서 몸을 비틀어 골을 옆으로 보고 착지한다.
④ 골과 가까운 발을 피벗 풋으로 삼아 골 방향으로 몸의 방향을 바꾸며 슛한다.

▲ 프리스로 서클 안에 서서 백보드에 공을 맞춘다.

▲ 튕겨 나온 공을 공중에서 잡는다.

착지했을 때 골과 가까운 발이 피벗 풋

골 방향으로 몸을 돌린다

선수에게 연습을 프리스로 서클 안에서 시작하는 이유는 공격 리바운드에서 필요한 '자신감을 가지고 공을 향해 달려드는 감각'을 키우기 위해서다. 어렵다면 골 밑에서 시작해 서서히 먼 곳으로 이동하며 감각을 키워도 된다.

▲ 골을 옆으로 보고 착지한다.

▲ 골 방향으로 턴해 강하게 발을 내딛으며 슛한다.

지도자 MEMO
골을 옆으로 보고 착지하는 것이 포인트로, 이 동작은 경기 중 수비수로부터 공을 지키기 위한 것이다. 착지 후에는 가슴보다 높은 위치에 공을 킵하면서 슛으로 들어가자.

공격 리바운드

중요도 ★★
난이도 ★★★

프로그램
138

풋 백 ②(뒤로 착지) Put back

장소 페인트 에어리어

목표

'풋 백 ①(옆으로 착지)'과 마찬가지로 리바운드에서 슛으로 들어가는 기술을 익힌다. 공중에서 몸을 비틀어 골을 등지고 착지하기 때문에 슛을 하기 위해서는 좀 더 큰 턴을 해야 한다.

순서

① 프리스로 서클 안에서 공을 잡는다.
② 백보드에 공을 맞춰 튕겨 나오는 것을 점프해 잡는다.
③ 골을 등지고 두 발로 착지한다.
④ 한쪽 발을 피벗 풋으로 삼고 프리 풋을 골 방향으로 크게 내딛어 몸을 회전시키면서 '무빙 훅 슛(62쪽)'을 한다.

▲ 프리스로 서클 안에 서서 백보드에 공을 맞춘다.
▲ 몸을 비틀면서 튕겨 나온 공을 공중에서 잡는다.

선수에게 다양한 상황에서 임기응변으로 대응해야하는 경기라고 가정하고 균형 있게 연습하는 것이 기본이다. 여기서도 오른쪽 턴을 했다면 그 다음은 왼쪽 턴을 한다. 슛에서도 골을 완전히 마주 보고 하는 '점프 슛(56쪽)' 등 다양한 형태로 던지도록 하자.

▲ 골을 등진 상태로 착지한 후 골 방향으로 한 발 내딛는다.
▲ 골 방향으로 턴해 슛한다.

지도자 MEMO

경기에서는 실제로 골을 등지고 착지하는 자세로 착지해야 하는 경우가 많다. 다양한 슛 패턴을 익혀둘 필요가 있다.

공격 리바운드

리바운드 & 슛 페인트모션

중요도 ★★
난이도 ★★★
장소 페인트 에어리어

목표 '풋 백 ①(옆으로 착지)'의 발전된 형태라고 할 수 있다. 공을 들어 슛 페인트모션을 한 뒤, 골 방향으로 스텝을 밟아 슛한다.

▲ 프리스로 서클 안에 서서 백보드에 공을 맞춘다.

▲ 튕겨 나온 공을 공중에서 잡아 골을 옆으로 보고 착지한다.

순서
① 프리스로 서클 안에서 공을 잡는다.
② 백보드에 공을 맞춰 튕겨 나오는 것을 점프해 잡는다.
③ 공중에서 몸을 비틀어 골을 옆으로 보고 착지한다.
④ 공을 얼굴 부근까지 한 번 들어 올리는 슛 페인트모션을 한 뒤, 골과 가까운 발을 피벗 풋 삼아 골 방향으로 턴해 슛한다.

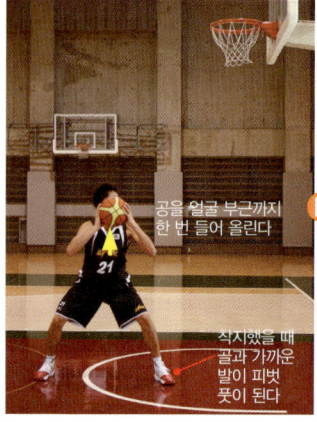
▲ 공을 얼굴 부근까지 들어 올려 슛하는 척한다.

▲ 골 방향으로 턴해 슛한다.

선수에게 공을 한 번 들어 올리는 슛 페인트모션은 수비수의 타이밍을 늦추고 다음 플레이로 이행하는데 효과적이지만, 지나치게 자주 사용하는 데에는 주의가 필요하다. 수비수가 예측을 하게 되기 때문이다. 경기 중 상대편의 전술에 따라 판단하여 플레이하는 것이 중요하다.

지도자 MEMO 잡은 공을 위나 아래로 움직이면 수비수는 그에 대응하기 마련이다. 이를 노려 공을 위로 이동시키면 수비수는 '점프 훅 슛(64쪽)' 등을 경계하여 팔을 들어 올려 '블록 아웃' 할 가능성이 높다. 공격수는 이 동작을 역이용하여 재빨리 턴해 슛으로 들어간다.

제7장
1 대 1
One on One

농구는 팀 스포츠이지만 1 대 1의 승부가 모여 이루어지는 경기라고도 볼 수 있다.
연습에서 실시하는 1 대 1 승부에는 모든 개인 기술의 요소가 집약되어 있다.
공격수는 페인트모션 등으로 수비수를 따돌리고,
수비수는 본인의 머리 너머로 슛을 던지도록 만들어 들어갈 확률이 낮은 슛을 쏘게 하자.

개인기 향상을 위해 / 1 대 1

1 대 1의 기초 지식

1. 1 대 1의 개념

1대 1은 농구의 기본이다

농구는 팀 스포츠이지만 1 대 1 승부가 모여 이루어지는 경기라고 할 수 있다. 농구의 수비 시스템은 5명이 각자 마크하는 상대를 정해 블록 아웃하는 '맨투맨 방어'와, 포지션마다 자리를 잡고 수비하는 '지역방어'가 있다. 최근에는 '지역방어'를 하는 팀이 늘고 있는 추세지만 지역방어에서도 기본은 '1 대 1 수비'이다. 이렇게 생각하면 각각의 선수가 1 대 1 승부에서 이기지 못하면 팀으로서도 경기에서 이길 수 없는 것이다.

▲ 1 대 1은 경기에서 팀이 이기기 위한 기본이다.

2. 1 대 1의 포인트

공격 중시의 1 대 1

상대를 어떻게 따돌릴 것인가

'1 대 1 공격'에서 중요한 것은 자신을 마크하고 있는 수비수를 따돌리는 것이다. 구체적으로는 페이크모션이나 드리블의 완급, 슛하는 타이밍 등을 통해 수비수를 피하는 것이다. 물론 공을 받기 전에 수비수의 마크를 피한다면 더 간단하게 슛을 할 수 있다. 그러므로 연습 시에는 공을 받은 후 슛을 하기까지의 시간을 최대한 줄이는 것이 포인트다. 패스 받기에서부터 시작한다면, 가볍게 점프해 공중해서 공을 받아 착지하는 동안 상대의 포지션을 확인하고 그 자리에서 슛 또는 드리블로 이행하는 것이 좋다. 본 장에서는 공격 시의 '잽 스텝(202쪽)'과 '드라이브 인(203쪽)'에 대한 기술을 해설하고 있다. '피트 드릴(90쪽)' 등으로 기술을 익히면서 좀 더 실전에 가깝게 연습할 수 있도록 하자.

> 수비 중시의 1 대 1

자신의 머리를 넘어가는 슛을 하게 만든다

'1 대 1 수비'에서 요구되는 것은 '책임감'과 '자존심'이다. 무슨 일이 있어도 맡은 선수는 막아내려는 의지가 있어야 하는 것이다. 이를 위한 포인트 중 하나는 상대에게 공을 주지 않는 것이다. 상대에게 공이 넘어간 경우이거나 혹은 '1 대 1'로 연습을 하는 경우에는 무엇보다 상대가 슛을 하지 못하도록 해야 한다. 또 설령 상대가 슛을 했다고 해도 공이 자신의 머리나 손 위를 넘어가도록 만들 수 있다면 그것은 수비수의 승리라고 할 수 있다. 본 장의 기술 해설에서는 공격수를 몰아넣기 위한 '수비 시의 포지셔닝'과 '수비 시의 드리블 대응'을 설명한다.

좋은 슛

◀ 공격수가 수비수를 따돌리고 쏘는 슛은 '좋은 슛'이다.

◀ 수비수로부터 떨어진 곳에서의 슛은 공격수의 승리이다.

나쁜 슛

◀ 수비수 머리 위의 손을 넘어 던지는 슛은 공격수에게 '나쁜 슛'이다. 성공률이 낮다.

3. 연습 시 주의사항

연습 때는 공격에 어드밴티지를 준다

전체의 코트 감각을 파악하기 위해서 1 대 1 연습은 하프코트에서 해도 좋다. 만일 확실하게 수비를 당하고 있다면 공을 다른 곳으로 패스해야 하기 때문에 연습할 때는 공격하는 쪽에 어드밴티지를 주고 시작한다. 또한 본 장에서는 연습 프로그램을 '공격 중시의 1 대 1'과 '수비 중시의 1 대 1'로 나누고 있는데, 원래 1 대 1은 공격과 수비 양쪽의 능력을 모두 키울 수 있는 종합적인 연습이다. 어드밴티지를 주거나 약간의 룰을 변경하기 때문에 공격 중시의 연습은 어찌 보면 좀 더 힘든 수비 중시 연습이라고도 볼 수 있다.

농구를 좋아하는 사람이라면 대부분 1 대 1 연습을 싫어하지 않을 것이다. 선수의 동기부여를 지속시킨다는 의미에서도 지도자는 여러 가지 방법을 고안하여 적극적으로 매일 연습에 넣도록 하자.

공격 중시의 1 대 1

잽 스텝 Jab step

가볍게 무릎을 굽혀 중심을 낮춘다

공을 이리저리 옮기며 상대의 반응을 살핀다

Step 01 공을 가지고 수비수의 반응을 살핀다.

내딛은 발의 발꿈치가 피벗 풋의 발가락 끝보다 앞으로 나오지 않을 정도로 작게 딛는다

체중은 두 발에 똑같이 싣는다

내민 발은 바로 다시 끌어당긴다. 상대의 자세가 무너졌을 때 다음 플레이로 옮긴다.

Step 02 가볍게 한 발 내딛는다. 그 후 즉시 원래 위치로 발을 끌어당긴다.

작은 스텝을 반복하여 상대를 무너뜨린다

'잽 스텝'이란 한 발을 작게 앞으로 내딛은 후 즉시 원래의 위치로 그 발을 다시 끌어당기는 동작을 2~3회 반복하며 수비수의 반응을 살피는 스텝이다. 내딛는 스텝의 폭은 내딛는 발의 뒤꿈치가 피벗 풋의 발가락 끝보다 앞으로 나오지 않을 정도로 작다. 내딛은 발에 체중이 실리지 않도록 주의하자. 공을 받을 때 어드밴티지가 없을 경우에는 이런 동작으로 수비수를 무너뜨린다.

공격 중시의 1 대 1

드라이브 인 Drive in

상대의 반응을 살핀다

공을 이리저리 옮기면서 상대의 자세를 무너뜨린다

Step 01 공을 이리저리 옮기면서 골 밑으로 파고들어갈 틈을 만든다.

상대에게 등이 부딪칠 정도로 상체를 비틀고, 몸을 움츠린다는 느낌으로 수비수의 앞발이 있는 곳으로 빠져나간다

처음에 공을 강하게 치고 나간다

첫 번째 발과 두 번째 발은 크고 힘차게 내딛는다

Step 02 공을 강하게 치면서 순간적으로 상대를 앞질러 나간다.

처음 치고 나갈 때 강하게 골 밑으로 파고든다

1 대 1에서 이기기 위해서는 드리블을 얼마나 효과적으로 하는가가 관건이다. '드라이브 인'이란 드리블하며 골 밑으로 파고드는 플레이로, 요령은 '페니트레이트 드리블(134쪽)'과 같다. 이 테크닉은 공을 상하좌우로 움직이며 수비수를 동요시킨 뒤 실시하면 상대를 따돌릴 수 있는 확률이 높다. 앞지르는 방향은 기본적으로 수비수의 앞발 쪽이다.

◀ 공을 좌우로 움직인 후 위로 휘두르면 수비수의 중심이 위로 뜨기 때문에 더 효과적이다.

수비 중시의 1 대 1

포지셔닝 Positioning

- 공격수와 골을 연결한 직선 상에 포지션을 잡는다
- 팔을 들고 손바닥은 공을 향한다
- 무릎을 굽혀 중심을 낮춘다
- 공격수와의 간격은 손을 뻗었을 때 거의 닿을 정도이다.

▲ 손을 뻗었을 때 상대가 닿을 정도의 거리에서 '기본 자세(21쪽)'를 잡는다.

▲ 상대가 공을 내리면 드리블을 경계하며 거리를 넓힌다.

'리트리트 스텝(35쪽)'으로 물러선다

▲ 상대가 공을 올리면 슛을 경계하며 거리를 좁힌다.

'어드밴스 스텝(35쪽)'으로 전진한다

1 대 1 수비에서는 공격수와의 간격과 포지셔닝이 중요하다

공격수와 수비수의 간격은 손을 뻗었을 때 닿을 정도의 거리를 기본으로 하며, 상대가 공을 올리면 슛을 예상하여 가까이 가고 공을 내리면 드리블을 예상하여 골 방향으로 물러선다. 포지셔닝은 공격수와 골을 연결한 직선 상에 위치하는 것이 기본이다. '골을 등지고 수비수를 눈앞에 두는' 포지션을 취한다.

수비 중시의 1 대 1

드리블 대응

상체를 상대 쪽으로 향한 채 이동하는 것이 기본이다

Step 01 상대가 느린 속도로 이동할 때는 '슬라이드 스텝(26쪽)'으로 따라붙는다.

두 발이 닿지 않도록 주의하고, 어깨 너비 정도의 스텝을 밟는다

Step 02 슬라이드 스텝 시 발을 끌어당길 때 두 발이 서로 닿지 않도록 주의해야 한다.

자연스럽게 스텝을 바꾼다

Step 03 상대가 속도를 높이면 '크로스 스텝(27쪽)'으로 바꾼다.

상대의 속도에 따라 발을 교차시키면서 따라붙는다

Step 04 상체는 상대를 향한 채 일반 달리기처럼 발을 교차시켜 따라붙는다.

'슬라이드 스텝'과 '크로스 스텝'으로 따라붙는다

공격수를 마크해 슛이나 패스가 아닌 드리블을 하도록 만들었다면 일단은 수비수의 승리라고 할 수 있다. 하지만 드리블에서 앞지르기를 당하면 의미가 없어진다. 효과적인 스텝은 '슬라이드 스텝(26쪽)'과 '크로스 스텝(27쪽)'이다. 상대가 천천히 이동할 때는 '슬라이드 스텝'으로, 상대가 속도를 높이면 '크로스 스텝'으로 따라붙는다.

공격 중시의 1대1

프로그램 140

윙에서의 롤링

중요도	★★★★★
난이도	★★★
장소	하프코트

목표 공격수가 '점프 슛'이나 '드라이브 인'과 같이 윙에서 하는 공격 패턴을 익히는데 도움을 주는 연습이다. 수비수는 '바나나 컷' 동작으로 공격수와의 거리를 좁힌다.

순서

① 공격수 Ⓐ와 수비수 Ⓑ는 그림과 같이 포지션을 잡는다. Ⓑ가 공을 잡는다.
② Ⓑ는 Ⓐ에게 공을 굴림과 동시에 그림과 같이 반원을 그리면서 Ⓐ에게 달려간다.
③ Ⓐ는 굴러온 공을 주워 즉시 공격을 시작한다.

응용 이 동작과는 반대로 경기에서 중앙으로 몰아붙이는 팀 수비를 해야 한다면 베이스라인이나 사이드라인 쪽으로 반원을 그린다.

▲ Ⓐ는 윙에서 Ⓑ는 골 밑에서 시작한다.

▲ Ⓑ는 공을 굴린 후 상대에게 달려간다.

지도자 MEMO 수비수는 공격수에게 곧바로 달려가 '클로즈 아웃(공격수와의 거리를 좁히는 것)' 하는 것이 아니라 중앙에서의 공격을 막기 위해 커브를 그리는 코스를 선택한다. '바나나 컷'이라고 불리는 이동 방법이다.

공격 중시의 1 대 1

중요도 ★★★★
난이도 ★★★
장소 하프코트

포인트 Point

목표 톱에서 공격하는 법을 익히기 위한 전통적인 1 대 1 훈련이다. 수비수가 골 밑에서 주는 패스를 받은 후 시작한다.

ⓑ는 공을 패스한 후 즉시 ⓐ에게 달려간다

← 패스 ←- 이동

순서

① 공격수ⓐ와 수비수ⓑ는 그림과 같이 포지션을 잡는다.
② ⓑ는 ⓐ에게 패스함과 동시에 ⓐ와의 거리를 좁혀 '클로즈 아웃' 한다.
③ ⓐ는 패스를 받은 즉시 공격을 시작한다.

지도자 MEMO
공격수는 패스를 받을 때 가볍게 점프하여 공중에서 공을 받는다. 그리고 착지할 때까지의 짧은 시간 동안 수비수의 반응을 살핀 후 다음 플레이로 옮긴다.

1 대 1 공격

중요도 ★★
난이도 ★★★★
장소 하프코트

어드밴티지 1 대 1 드릴

목표 위의 '포인트'와 마찬가지로 공격수가 유리한 상황에서 톱에서의 공격을 익힌다. 수비수가 굴린 공을 주워 바로 공격을 시작한다.

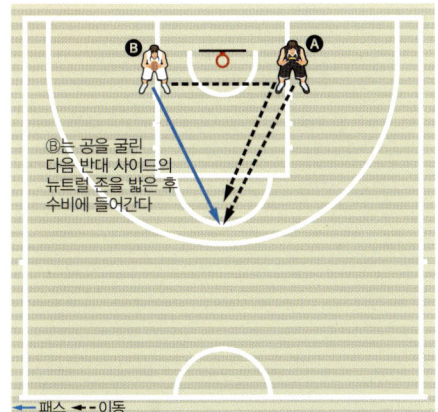

ⓑ는 공을 굴린 다음 반대 사이드의 뉴트럴 존을 밟은 후 수비에 들어간다

← 패스 ←- 이동

순서

① 공격수ⓐ와 수비수ⓑ는 그림과 같이 포지션을 잡는다. ⓑ가 공을 잡는다.
② ⓑ는 톱 쪽으로 공을 굴리고 반대 사이드의 뉴트럴 존으로 향한다.
③ ⓑ는 뉴트럴 존의 끝을 밟은 후 ⓐ를 마크하러 간다. ⓐ는 ⓑ가 굴려 준 공을 주워 즉시 공격을 시작한다.

지도자 MEMO
이와 같이 공격수에게 어드밴티지를 주어 공격이 유리한 상황을 만들어 주면, 득점 패턴을 익히기 쉬워진다.

공격 중시의 1 대 1	중요도 ★★

프로그램 143

리액션 Reaction

  장소 페인트 에어리어

목표 엘보 부근에서의 득점 능력을 키운다. 공격수에게 어드밴티지가 있으므로 확실하게 득점해야 한다.

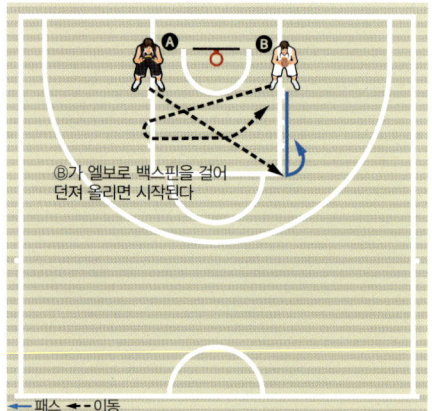

Ⓑ가 엘보로 백스핀을 걸어 던져 올리면 시작된다

← 패스 ← 이동

순서

① 공격수Ⓐ와 수비수Ⓑ는 그림과 같이 포지션을 잡는다. Ⓑ가 공을 잡는다.
② Ⓑ는 공에 백스핀을 걸어 엘보로 던져 올린 후, 반대편 프리스로 라인으로 향한다.
③ Ⓐ는 대각선 방향으로 달려 엘보를 밟은 후 Ⓑ가 던져 올린 공을 주워 공격을 시작한다. Ⓑ는 그림과 같이 프리스로 라인을 밟은 뒤 수비에 들어간다.

 지도자 MEMO 공격수는 공을 잡을 때 가볍게 뛰어올라 '점프 스톱(22쪽)'으로 정지한다.

공격 중시의 1 대 1	중요도 ★★

프로그램 144

핸드오프 Hand-off

난이도 ★★★ 장소 하프코트

목표 양쪽 다 어드밴티지가 없는 상황에서 1 대 1 능력을 향상시킨다. 수비수는 적극적으로 압력을 가하고, 공격수는 수비를 뿌리치고 슛으로 연결하자.

Ⓑ가 Ⓐ에게 손으로 공을 건네준 후 1 대 1 수비를 시작한다

← 패스 ← 이동

순서

① 공격수Ⓐ와 수비수Ⓑ는 그림과 같이 포지션을 잡는다. Ⓑ가 공을 잡는다.
② Ⓑ가 톱까지 드리블해서 Ⓐ에게 공을 '핸드오프(손으로 건네주는 패스)' 하고 난 뒤, 1 대 1 수비를 시작한다.

 지도자 MEMO 어드밴티지가 없으므로 공격수에게는 더 높은 테크닉이 요구된다. '잽 스텝(202쪽)'을 효과적으로 사용하여 적극적으로 공세를 취하자.

공격 중시의 1 대 1	중요도 ★★
	난이도 ★★★

코너에서의 1 대 1

 장소 하프코트

목표 코너에서 패스 받는 상황을 가정하여 공격수에게 어드밴티지를 주는 1 대 1 훈련이다. 수비수는 '드라이브 인'을 '바나나 컷'으로 막는다.

ⓑ는 패스한 후 '바나나 컷'으로 상대와의 거리를 좁힌다

← 패스 ← 이동

순서

① 공격수Ⓐ와 수비수Ⓑ는 그림과 같이 포지션을 잡는다. Ⓑ가 공을 잡는다.
② Ⓑ는 Ⓐ에게 패스한 후 '바나나 컷(206쪽)'으로 이동하여 Ⓐ와의 거리를 좁히며 수비에 들어간다.
③ Ⓐ는 패스를 받은 즉시 공격을 시작한다.

 지도자 MEMO 수비수는 패스한 후 그림과 같이 '바나나 컷(206쪽)'으로 거리를 좁힌다. 골 방향으로 둘러 들어감으로써 상대의 드리블 코스를 막으며 압력을 가할 수 있다.

공격 중시의 1 대 1	중요도 ★★
	난이도 ★★★

센터에서의 1 대 1

 장소 하프코트

목표 센터 서클 부근에서의 공방을 가정한 1 대 1 훈련이다. 보통 가드가 상대 코트로 공을 운반할 때 흔히 사용하지만, 전원이 연습해두는 것이 좋다.

Ⓑ는 달려오는 Ⓐ에게 패스한 후 수비에 들어간다

← 패스 ← 이동

순서

① 공격수Ⓐ와 수비수Ⓑ는 그림과 같이 포지션을 잡는다. Ⓑ가 공을 잡는다.
② Ⓐ는 센터 서클로 달려가고 Ⓑ는 Ⓐ에게 패스한다.
③ Ⓐ는 패스를 받은 즉시 공격을 시작하고 Ⓑ는 패스한 후 즉시 수비에 들어간다.

 지도자 MEMO 수비수는 '바나나 컷(206쪽)'으로 드리블 코스를 봉쇄하며 압력을 가한다. 반면에 공격수는 우선 슛 에어리어로 들어가야 하므로 드리블을 요령껏 구사하면서 슛까지 연결시킨다.

공격 중시의 1 대 1 | 중요도 ★★★★
난이도 ★★★★

윙에서의 1 대 1

장소 하프코트

목표 수비수는 맹렬한 기세로 달려와 '클로즈 아웃' 하고, 공격수는 간격을 좁혀오는 수비수를 따돌려 슛으로 연결시킨다.

ⓑ는 패스한 다음 로 포스트 부근에서 윙까지 대시한다

← 패스 ←— 이동

순서

① 공격수Ⓐ와 수비수Ⓑ는 그림과 같이 포지션을 잡는다. Ⓑ가 공을 잡는다.
② Ⓑ는 Ⓐ에게 패스한 후 슛을 막기 위해 Ⓐ가 있는 곳까지 대시한다.
③ Ⓐ는 패스를 받는 즉시 공격을 시작한다.

지도자 MEMO 수비수는 쉽게 앞지르기 당하지 아야 한다. 이런 상황은 경기에서는 동료를 도와주는 '헬프 디펜스 포지션(help defense position, 동료 수비수의 수비가 뚫렸을 때 도와주는 협력 플레이)'에서 자주 발생한다.

공격 중시의 1 대 1 | 중요도 ★★
난이도 ★★★★

카운터에서의 1 대 1

장소 하프코트

목표 수비수가 먼 거리를 달려와 압력을 가하고 공격수는 드리블로 돌파한다. 1 대 1 능력뿐만 아니라 체력 향상에도 도움이 된다.

ⓑ는 패스한 뒤에 센터라인 부근까지 대시한다

← 패스 ←— 이동

순서

① 공격수Ⓐ와 수비수Ⓑ는 그림과 같이 포지션을 잡는다. Ⓑ가 공을 잡는다.
② Ⓑ는 Ⓐ에게 패스한 뒤 Ⓐ를 마크하기 위해 최대한 가까이 대시한다.
③ Ⓐ는 패스를 받으면 바로 공격을 시작한다.

지도자 MEMO 공격수는 수비수의 기세를 역이용하여 단숨에 앞질러 슛으로 들어간다. 수비수에게는 급제동과 빠른 방향 전환 동작이 요구된다.

공격 중시의 1 대 1

어드밴티지 플레어

중요도	★★
난이도	★★★★
장소	하프코트

목표

'플레어 컷'이란 공을 가진 사람에게서 멀어지면서 패스를 받는 동작이다. 1 대 1 상황의 '플레어 컷'에서 슛으로 이어지는 감각을 익히자.

▲ Ⓐ와 Ⓑ는 하이 포스트 부근에 포지션을 잡는다.

프리스로 라인을 밟은 후 수비에 들어간다.
코너로 향한다

▲ Ⓒ가 시작 신호를 보내면 Ⓐ는 코너로, Ⓑ는 프리스로 라인으로 향한다.

코너에서 공을 잡는다

▲ Ⓐ는 코너에서 패스를 받고, Ⓑ는 프리스로 라인을 밟은 후 수비에 들어간다.

▲ Ⓐ는 공을 잡은 후 슛으로 들어간다.

순서

① 공격수Ⓐ와 수비수Ⓑ, 패스하는 선수Ⓒ는 사진과 같이 포지션을 잡는다.
② Ⓒ가 신호를 주면 Ⓐ는 코너 쪽으로 가고, Ⓑ는 프리스로 라인을 밟은 후 Ⓐ를 마크하기 위해 달린다.
③ Ⓐ는 Ⓒ가 주는 패스를 받아 슛으로 들어간다.

지도자 MEMO
코너 쪽으로 돌아서 들어가는 '플레어' 동작은 패스를 하는 선수와 멀어지는 형태가 된다. 이 동작은 타이밍을 계산하기 어렵기 때문에 반드시 연습이 필요하다. 가볍게 점프하여 공중에서 공을 받아 슛으로 들어가도록 하자.

공격 중시의 1 대 1

프로그램 150 어드밴티지 미트 아웃

중요도 ★★★★
난이도 ★★★
장소 하프코트

 목표

'미트 아웃'이란 골에서 멀어져 아웃사이드로 나가 패스를 받는 동작이다. '피트 드릴'을 통해 키운 기술을 활용하자.

▲ Ⓐ와 Ⓑ가 로 포스트 부근에 포지션을 잡는다.

▲ 시작 신호와 함께 Ⓐ는 윙으로 Ⓑ는 베이스라인으로 이동한다.

▲ Ⓐ는 윙에서 패스를 받고 Ⓑ는 베이스라인을 밟은 후 수비에 들어간다.

▲ Ⓐ는 공을 받으면 바로 슛으로 들어간다.

순서

① 공격수Ⓐ와 수비수Ⓑ, 패스하는 선수Ⓒ는 사진과 같이 포지션을 잡는다.
② Ⓒ가 신호를 주면 Ⓐ는 윙으로 향하고, Ⓑ는 베이스라인을 밟은 후 Ⓐ를 마크하기 위해 달린다.
③ Ⓐ는 Ⓒ가 주는 패스를 받아 슛으로 들어간다.

 지도자 MEMO

공격수가 패스를 받는 방법이 포인트다. '어떤 슛을 할 것인지' 생각한 후, '어떻게 멈출 것인가(22~23쪽)', '어떻게 턴할 것인가(24쪽)' 등을 정확히 판단해 스텝을 밟는 것이 중요하다.

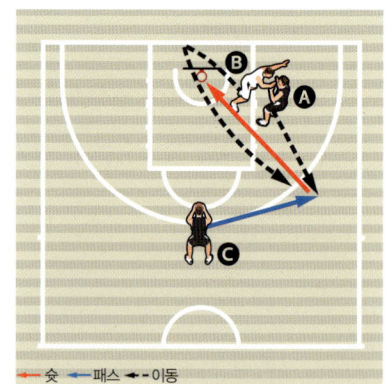

공격 중시의 1 대 1

중요도 ★★
난이도 ★★★★
장소 하프코트

속공 시의 1 대 1

목표 속공을 가정한 1 대 1 훈련이다. 공격수는 빨리 움직여 패스를 잡고 확실하게 '레이업 슛'을 넣는다.

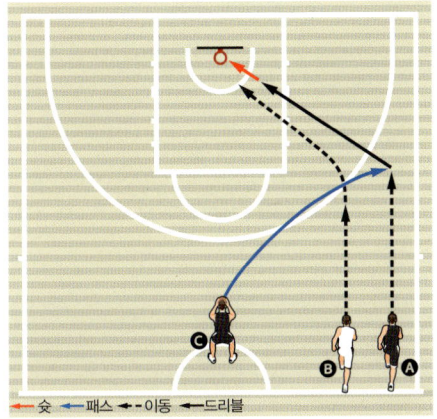

순서

① 공격수Ⓐ와 수비수Ⓑ, 패스하는 선수Ⓒ는 그림과 같이 포지션을 잡는다.
② Ⓐ와 Ⓑ는 베이스라인을 향해 달린다.
③ Ⓐ는 Ⓒ가 주는 패스를 받아 '레이업 슛(60쪽)' 한다. Ⓑ는 이를 저지하기 위해 막는다.

지도자 MEMO 패스 받을 때 수비수가 뒤에 있다면 큰 드리블로 단숨에 골로 향한다.

공격 중시의 1 대 1

중요도 ★★
난이도 ★★★★
장소 하프코트

루즈 볼 시의 1 대 1

목표 센터 서클 부근에서 루즈 볼(어느 편에도 속하지 않은 상태의 볼)을 쟁탈하여 빼앗은 쪽이 공격을 시작한다. 루즈 볼은 경기 중에도 흔히 발생하니 유리한 상황을 만들 수 있도록 하자.

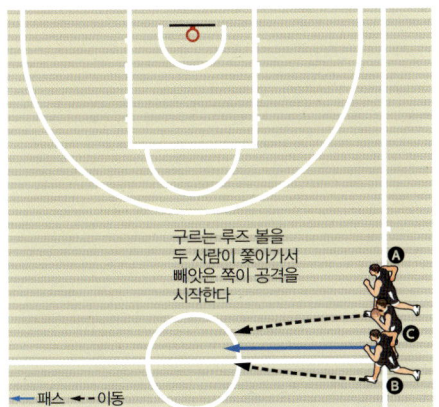

순서

① 도전하는 두 선수(Ⓐ, Ⓑ)와 패스하는 선수Ⓒ는 센터라인의 끝에 포지션을 잡는다.
② Ⓒ가 공을 코트에 굴림과 동시에 Ⓐ와 Ⓑ는 골 쟁탈전에 들어간다. 공을 빼앗은 쪽이 공격수 역할을 하고 나머지 한 사람이 수비수 역할을 하여 1 대 1을 한다.

지도자 MEMO 공격수는 루즈 볼을 확보한 뒤, 바로 다음 플레이로 이행한다. 이때, 수비수는 루즈 볼에 달려들 것인지 수비 자세를 유지할 것인지 정확하게 판단해야 한다.

공격 중시의 1 대 1

하이 포스트에서의 1 대 1

중요도 ★★★
난이도 ★★★
장소 페인트 에어리어

목표 하이 포스트 부근에서의 1 대 1 실력을 향상시킨다. 공격수에게 어드밴티지가 없고 수비수의 능력이 시험대에 오르기 때문에 공격과 수비 두 선수의 능력을 골고루 향상시키는 결과를 가져온다.

Ⓐ가 던져 올린 공을 다시 잡아 '점프 스톱' 한다. 이때부터 1 대 1이 시작된다

← 패스 ◁-- 이동

순서

① 공격수Ⓐ와 수비수Ⓑ는 그림과 같이 포지션을 잡는다. Ⓐ가 공을 잡는다.
② Ⓐ는 프리스로 라인 부근에서 바운드하듯 백스핀을 걸어 공을 던져 올린다.
③ Ⓐ와 Ⓑ 모두 프리스로 라인 방향으로 향하며 Ⓐ가 원 바운드한 공을 잡으면 1 대 1을 시작한다.

 지도자 MEMO 공격수는 공중에서 공을 잡고 착지하는 사이에 상대의 반응을 확인하고 즉시 공격에 들어간다.

공격 중시의 1 대 1

로 포스트에서의 1 대 1

중요도 ★★★
난이도 ★★★
장소 페인트 에어리어

목표 로 포스트 부근에서의 1 대 1 실력을 향상시킨다.

Ⓐ가 던져 올린 공을 다시 잡아 '점프 스톱' 한다. 이때부터 1 대 1이 시작된다

← 패스 ◁-- 이동

순서

① 공격수Ⓐ와 수비수Ⓑ는 그림과 같이 포지션을 잡는다. Ⓐ가 공을 잡는다.
② Ⓐ는 로 포스트 부근에서 바운드하듯 공에 백스핀을 걸어 던져 올린다.
③ Ⓐ와 Ⓑ 모두 로 포스트 방향으로 향한다. Ⓐ가 원 바운드한 공을 잡으면 1 대 1을 시작한다.

 지도자 MEMO 골 부근에서는 어느 정도의 몸싸움을 피할 수 없다. 상대에게 지지 않겠다는 마음가짐이 중요하다. 한 골을 1점으로 계산하여 '10점 득점하기' 등의 룰을 정하면 연습 분위기가 고조된다.

공격 중시의 1 대 1

V컷에서의 1 대 1

중요도	★★★
난이도	★★★
장소	하프코트

 윙에서의 1 대 1 실력을 향상시킨다. 패스를 받기 전의 공방도 진지하게 임해 실전에 가까운 1 대 1 실력을 익힌다.

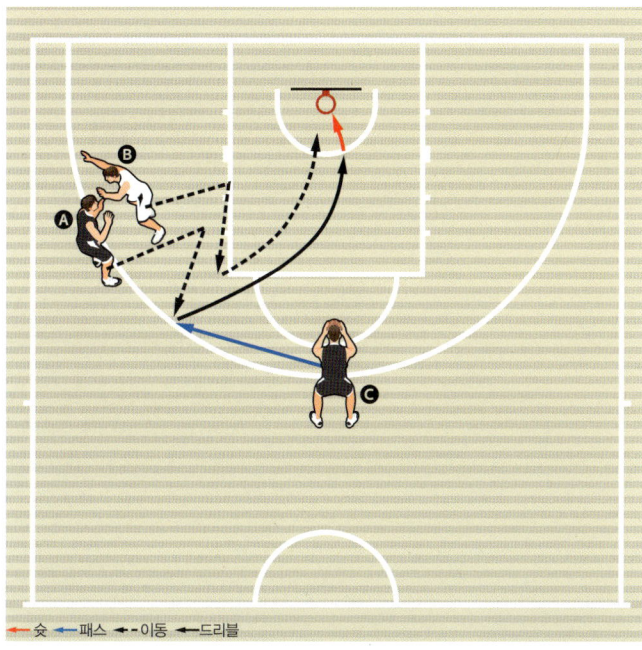

순서

① 공격수Ⓐ와 수비수Ⓑ, 패스하는 선수Ⓒ는 그림과 같이 포지션을 잡는다.

② Ⓐ는 Ⓑ를 골 방향으로 한 번 밀어붙인 뒤 아웃사이드로 대시하여 Ⓒ가 주는 패스를 받는다.

③ Ⓐ는 패스를 받는 즉시 공격에 들어가고, Ⓑ는 이를 막아 1 대 1을 시작한다.

← 슛 ← 패스 ← 이동 ← 드리블

▲ Ⓐ는 Ⓑ를 골 방향으로 한 번 밀어붙인다.

▲ 아웃사이드로 재빨리 달려가 공을 받는다.

 공격수가 골 방향으로 한 번 밀어붙인 후 아웃사이드로 달려가면 원래 있던 위치보다 공을 가진 선수와 더 가까워진다. 코트를 위에서 내려다본다면 'V자'를 그리는 동작이 되는데, 이와 같은 방법은 수비수의 대응을 어렵게 만든다.

수비 중시의 1 대 1

중요도 ★★★★
난이도 ★★★

스크린 Screen

장소 하프코트

목표

몸을 칸막이처럼 사용해 자기 팀을 마크하고 있는 수비수의 진로를 방해하는 플레이를 '스크린'이라고 한다. 스크린을 활용해 로 포스트에서의 1 대 1 기술을 향상시킨다.

ⓑ는 Ⓐ 쪽으로 가서 '칸막이' 역할을 한다

←--이동

순서

① 공격수Ⓐ와 수비수Ⓑ, 패스하는 선수Ⓒ는 그림과 같이 포지션을 잡는다. Ⓒ가 신호를 한다.

② Ⓑ는 반대 사이드의 Ⓐ쪽으로 가서 스크린을 친다. 수비수의 진로를 막는다는 느낌으로 팔을 가슴 앞에서 크로스하고 가볍게 무릎을 굽혀 중심을 낮춘다.

③ Ⓐ는 자신을 마크하고 있는 수비수를 Ⓑ를 이용해 떼어 놓는다는 느낌으로 Ⓑ의 바로 옆을 통과해 반대 사이드의 로 포스트로 간다.

④ Ⓑ는 Ⓐ가 지나가고 나면 원래 자리로 되돌아가 Ⓐ를 마크한다. Ⓐ는 패스를 받는 즉시 공격을 시작한다.

Ⓐ가 옆을 빠져나가면 Ⓑ는 수비에 들어간다

← 패스 ←--이동

지도자 MEMO

스크린은 '크로스 스크린'이라고 하는 기본적인 인사이드 팀플레이다. 인사이드에서는 이와 같은 동작을 이용하여 패스를 쉽게 전달하고 1 대 1에서의 득점을 손쉽게 노릴 수 있다.

▲ 스크린을 이용하는 경우에는 스크린 역할을 하는 선수의 바로 옆으로 빠져나간다.

수비 중시의 1 대 1

컨테이너 Container

중요도 ★★
난이도 ★★★★
장소 하프코트

목표 수비수는 공격수와 떨어지지 않도록 따라붙어야 한다. 비록 공을 빼앗지 못하더라도 끈질기게 마크하여 상대의 실수를 유도하자.

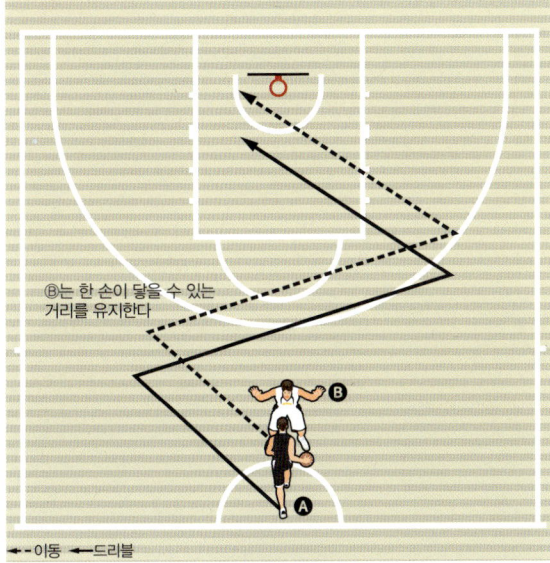

ⓑ는 한 손이 닿을 수 있는 거리를 유지한다

←─ 이동 ←── 드리블

순서

① 공격수Ⓐ와 수비수Ⓑ는 그림과 같이 포지션을 잡는다. Ⓐ가 공을 잡는다.
② Ⓐ는 스피드에 완급을 주면서 '프런트 체인지(149쪽)' 등의 다양한 기술을 구사하며 하프코트 내에서 자유롭게 드리블한다. Ⓑ는 Ⓐ와 손이 닿을 수 있는 거리 이상 떨어지지 않도록 한다.
③ 20~30초 계속한 후 공격과 수비를 교대한다.

지도자 MEMO 수비수와 공격수가 일체가 된다는 느낌 때문에 이 연습을 '컨테이너'라고 부른다. 수비수는 드리블에 따라 다른 스텝을 사용하면서 따라붙고, 공격수는 스피드 변화 등 다양한 기술을 활용해 수비수의 마크를 떼어 내도록 하자. 그리고 수비수는 공격수가 골 밑을 통과하지 못하도록 막는다.

▲ 수비수는 상대를 확실하게 따라붙는다.

응용 룰을 만들어 점수화하는 것도 하나의 방법이다. 예컨대 공격수가 골 밑을 드리블로 통과하면 1점, 반대로 드리블 미스로 하여 수비수에게 공을 빼앗기면 −1점으로 계산하여 역할을 바꿔가며 득점 경쟁을 한다.

▲ 골 밑을 통과하면 공격수에게 점수를 주는 룰을 만들어도 좋다.

수비 중시의 1 대 1

디렉션 Direction

프로그램 158

중요도 ★★★
난이도 ★★★
장소 하프코트

목표 사이드라인 가장자리에서 하는 1 대 1 훈련이다. 공격수를 사이드라인 쪽으로 몰아 중앙 쪽으로 돌파하지 못하도록 만드는 수비 방법을 익힌다.

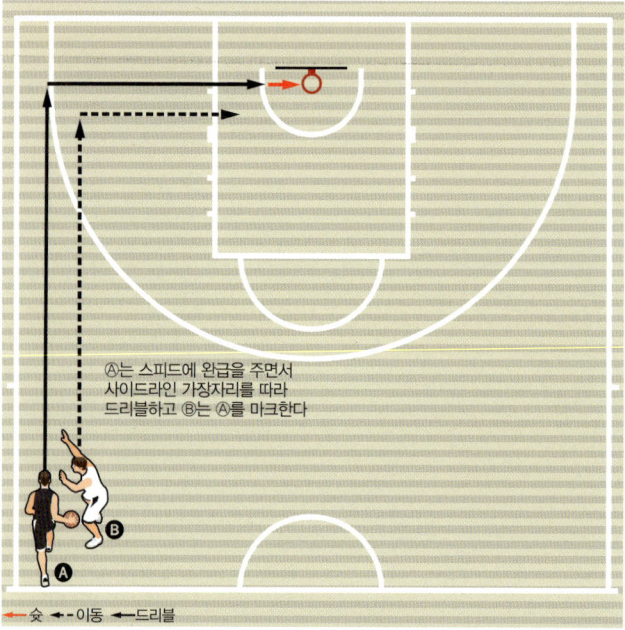

순서

① 공격수Ⓐ와 수비수Ⓑ는 그림과 같이 포지션을 잡는다. Ⓐ가 공을 잡는다.
② Ⓐ는 사이드라인 가장자리를 따라 드리블하고 Ⓑ는 중앙을 돌파당하지 않도록 주의하면서 마크한다.
③ Ⓐ는 코너에 도착한 후 슛이나 '드라이브 인(203쪽)'을 노리고 Ⓑ는 이를 저지한다.

▲ 사이드라인에 가까운 센터라인 위에서 시작한다.

▲ Ⓑ는 Ⓐ가 중앙으로 나오지 못하도록 마크한다.

지도자 MEMO 공격수를 골과 가까워지지 않도록 '디렉션'하는 것은 수비의 기본이다. 공격수가 디렉션을 타개하기 위해서는 라인 가장자리에서 천천히 전진하는 것으로 시작해, 스피드를 올리거나 중앙으로 치고 들어오는 동작을 연습한다.

수비 중시의 1 대 1

중요도 ★★★
난이도 ★★★

드리블 캐치업 Dribble catch-up

장소 하프코트

목표 드리블로 앞질러나가는 공격수를 대처하는 법을 익힌다. 빠른 드리블에는 '크로스 스텝'으로 대응하고 상대를 따라 잡았다면 '슬라이드 스텝'으로 전환한다.

순서

① 공격수Ⓐ와 수비수Ⓑ는 그림과 같이 포지션을 잡는다. Ⓐ가 공을 잡는다.
② Ⓐ는 톱 방향으로 드리블하며 나간다. Ⓑ는 따라잡을 포지션을 예측하여 그곳으로 앞질러 간다.
③ Ⓑ는 Ⓐ를 따라잡은 후 골을 등지고 Ⓐ를 정면에 둔 포지션에서 '드라이브 인(203쪽)'을 저지한다.

 **지도자 MEMO** 공격수가 드리블로 스피드를 내고 있는데도 '슬라이드 스텝(26쪽)'으로만 대응한다면 쉽게 돌파당한다. 스텝을 적절하게 선택해서 사용한다.

수비 중시의 1 대 1

중요도 ★★
난이도 ★★★

슬라이드 스텝 시의 1 대 1

장소 하프코트

목표 경기라고 가정하고 수비수를 체력적으로 힘든 상황으로 몰아넣은 후 실시하는 1 대 1 훈련이다. 피곤해도 자세를 고정하고 끈질기게 수비할 수 있도록 한다.

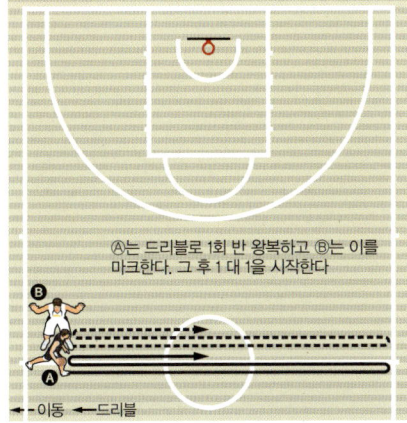

순서

① 공격수Ⓐ와 수비수Ⓑ는 그림과 같이 포지션을 잡는다. Ⓐ가 공을 잡는다.
② Ⓐ는 센터라인과 평행을 이루며 드리블을 하고 Ⓑ는 '슬라이드 스텝(26쪽)'으로 따라붙는다. 사이드라인 사이를 1회 반 왕복한 후 센터 서클에 도착하면 일반적인 1 대 1을 시작한다.

 지도자 MEMO 경기가 시작되면 초반에는 '기본 자세(21쪽)'를 잘 유지하지만, 경기 시간이 경과하면서 피로가 누적되면 다리 힘이 풀려 자세가 흐트러지기 마련이다. 하지만 이를 극복하고 끈기 있게 수비해야 한다.

수비 중시의 1 대 1

인플루언스 Influence

중요도 ★★★★
난이도 ★★★★★
장소 풀코트

목표 공격수는 6초 이내에 슛을 넣고, 수비수는 이를 저지하는 1 대 1 훈련이다. 팀 전원이 효율적으로 연습할 수 있다.

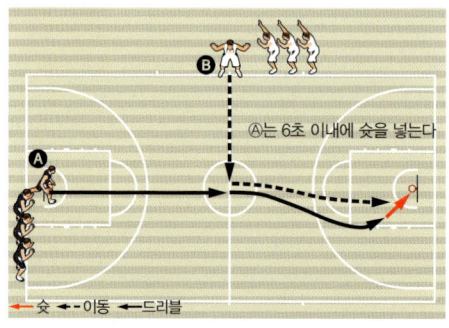

순서

① 공격수Ⓐ와 수비수Ⓑ는 그림과 같이 포지션을 잡는다. Ⓐ가 공을 잡는다.
② 신호로 1 대 1을 시작한다. Ⓐ는 프런트 코트로 공을 드리블하여 6초 이내에 슛을 넣는다. Ⓑ는 이를 저지한다.
③ 팀 전원이 실시할 경우에는 Ⓐ와 Ⓑ 뒤에 줄을 만들어 세운다. 6초마다 신호를 주고, 신호가 울리면 앞 팀은 종료하고 다음 팀이 시작한다.

지도자 MEMO 수비수는 공격수가 골을 향해 직선으로 드리블하지 못하도록 사이드라인으로 몰아넣어 '프런트 체인지(149쪽)' 등의 테크닉을 사용할 수 밖에 없는 상황에 빠뜨려 시간을 버는 것이 포인트다.

수비 중시의 1 대 1

백 페달

중요도 ★★★★
난이도 ★★★★★
장소 풀코트

목표 풀코트에서 실시하는 종합적인 1 대 1 훈련이다. 공격수와 수비수가 패스를 주고받으며 실전에 가까운 동작을 만들어낸다.

순서

① 공격수Ⓐ와 수비수Ⓑ는 그림과 같이 포지션을 잡는다. Ⓐ가 공을 잡는다.
② Ⓐ는 Ⓑ에게 패스를 주고 앞으로 이동한다.
③ Ⓑ가 뒤로 물러서면서 Ⓐ에게 리턴 패스를 하면 1 대 1을 시작한다.

지도자 MEMO 공격수는 속공을 하고, 수비수는 풀코트 수비를 한다는 느낌으로 실시한다. 공격수는 패스를 받을 때 공중에서 받고, 공을 받아 착지할 때까지 확실하게 수비수의 반응을 확인하자.

제8장
코디네이션
Coordination

코디네이션이란 판단과 동작을 연동시켜 몸을 컨트롤하는 능력을 말한다. 모든 스포츠에는 이런 코디네이션 능력이 요구되므로, 공을 다루는 트레이닝과 병행해 적극적으로 연습하자!

개인기 향상을 위해 / 코디네이션

코디네이션의 기초 지식

1. 코디네이션의 개념

몸을 컨트롤하는 능력을 말한다

일반적으로 코디네이션 능력이란 판단과 동작의 연동성을 높여 몸을 컨트롤하는 능력을 말하는데, 구체적으로는 '정위력', '변환력', '식별력', '반응력', '연결능력', '리듬감', '균형감'을 들 수 있다. 예전에는 술래잡기와 같이 몸을 활용하는 놀이를 통해 코디네이션 능력을 익혀왔지만, 현대사회에서는 이럴 기회가 점점 줄어들고 있는 것이 현실이다. 특히 오늘날 문제가 되고 있는 어린이 체력 저하는 코디네이션 능력의 저하가 하나의 원인이라고 할 수 있다.

정위력	끊임없이 움직이는 자기 팀 선수와 상대팀 선수, 공, 골과 네트 등의 관계 속에서 자신의 위치를 시간적, 공간적으로 정확하게 결정하는 능력
변환력	플레이가 한창 진행되고 있는 도중에(예컨대 상대를 제치고 있을 때) 예측한 상황 변화를 자각해 동작을 바꾸는 능력
식별력	타이밍에 맞춰 알맞게 힘을 조절해 동작을 치밀하게 구사하고, 몸의 각 부위를 정확하고 낭비 없이 사용하는 능력
반응력	예기된 신호나 예측하지 못한 정보(예컨대 빗맞은 공)에 대해 재빨리 인식하고, 목적에 맞게 움직이는 능력
연결능력	각각의 기술과 전술적 행위를 공간 및 시간적으로 다이내믹하게 연결하는 능력
리듬감	리듬을 만들거나 흉내를 내어 결정적인 타이밍을 파악하는 능력
균형감	이동 중에 신체 균형을 유지하거나, 무너진 균형을 재빨리 회복하는 능력

출처 : 「경기자 양성 프로그램 책정을 위하여」 재단법인 일본올림픽위원회, 2001년 3월 31일

수준 향상을 위해 없어서는 안 될 요소이다

농구에서 '코디네이션 능력'이란 자신과 골대와의 거리, 선수들 간의 위치 등 외부 정보에 따라 몸을 자연스럽게 움직여 조작할 수 있는 능력을 말한다. 슛이나 드리블 기술이 뛰어나도 상황에 따라 대응하지 못한다면 골을 넣을 확률은 떨어지기 마련이다. 프로 선수를 목표로 한다면 코디네이션 능력을 염두에 둔 트레이닝에 적극적으로 임하자.

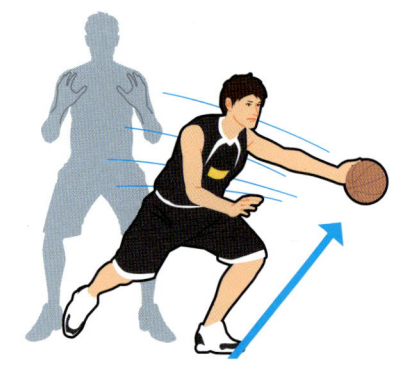

▲ 코디네이션 능력이 있어야만 경기 중 상황에 즉각적으로 반응할 수 있다.

2. 코디네이션의 포인트

체간 단련

체간은 모든 기술의 기본이 된다

본 장에서는 코디네이션 트레이닝과 함께 체간을 단련하는 연습 프로그램도 소개한다. 체간은 농구의 기본 자세는 물론이고 슛을 쏠 때 공중에서의 균형 유지에도 도움을 주는 등 모든 기술의 기본이 된다.

코디네이션 트레이닝

공을 사용하는 연습이 전부는 아니다

농구는 상대의 동작에 대해 즉각 대응해야 하는 스포츠다. 슛을 하려고 하다가도 수비수가 '블록 아웃'을 하면 패스로 전환하는 등 민첩성이 요구된다. 본 장에서는 이와 같이 외부 정보에 따라 몸을 자연스럽게 움직일 수 있는 능력을 향상시키기 위한 연습을 소개한다. 코디네이션 트레이닝은 장소를 가리지 않는 것이 많으므로 개인적인 시간에 하는 것도 좋다.

▶ 연습에는 공만 사용하는 것만 있는 것이 아니다. 체간 훈련도 농구 실력 향상에 필요하다.

▲ 체간은 모든 기술의 기본이며, 좋은 선수가 되기 위해 중요한 요소이다.

3. 연습 시 주의사항

워밍업으로 활용한다

체력적으로 힘들지 않은 연습을 중심으로 소개하고 있으므로 팀 연습 전에 워밍업으로 실시하는 것도 좋다. 또한 코디네이션 트레이닝은 유소년뿐 아니라 성인들에게도 도움이된다는 것이 연구를 통해 밝혀졌으니 워밍업과 쿨다운 등으로 매일 연습에 최대한 많이 포함시켰으면 한다. 연습 시 주의사항으로는 갑자기 난이도가 높은 동작을 하는 등 무리한 동작을 하지 말아야 한다는 것이다. 자칫 코디네이션 트레이닝에 실패할 수도 있다. 동작이 어렵다면 난이도를 낮췄다가 서서히 올리도록 한다.

▲ 코디네이션 트레이닝은 워밍업으로 활용해도 좋다.

체간 단련

중요도 ★★★★
난이도 ★★
장소 어디에서나 가능

4지점 체간 스태빌리티

 목표 두 팔의 팔꿈치와 두 발의 발가락 끝을 지면에 붙인 자세를 7~20초 정도 유지하여 체간을 단련한다.

▲ 팔꿈치과 두 발의 발가락 끝으로 7~20초 간 몸을 떠받친다.

순서

① 엎드려서 두 팔과 두 발의 발가락 끝으로 몸을 떠받친다.
② 발, 허리, 어깨 라인이 일직선이 되도록 들어 올리고 7~20초 정도 자세를 유지한다. 이때, 호흡을 멈추지 않도록 유의한다.

지도자 MEMO 자신의 체중을 이용해 체력을 향상시키는 것은 초등학생부터 실시해도 성장에 방해가 되지 않으므로 미니 바스켓볼 선수에게도 추천한다. 단, 시간이 되지 않았더라도 몸이 떨려 멈추지 않는다면 종료한다.

응용 좌우 혹은 전후, 앞뒤 등 한 쌍으로 인식되는 것은 같은 횟수로 연습하는 것이 기본이다. 이는 신체적인 능력을 향상시키는 모든 연습에 공통적이다. 아래와 같은 경우에도 엎드려서 연습했다면, 위를 향한 자세로도 같은 방법으로 연습해야 한다.

▲ 엎드린 자세로 했다면 위로 똑바로 누운 자세로도 연습하자.

체간 단련	중요도 ★★★★
	난이도 ★★

프로그램 164 — 체간 스태빌리티(사이드 ①)

장소 어디에서나 가능

목표 바닥에 옆으로 누운 상태에서 자세를 유지해 체간을 단련한다. '4지점 체간 스태빌리티'와 한 세트로 실시해도 좋다.

몸을 일직선으로 만든다

▲ 바닥에 옆으로 누워 팔꿈치와 한쪽 발의 측면으로 몸을 떠받친다.

순서

① 바닥에 옆으로 누워 한쪽 팔꿈치와 한쪽 발의 측면으로 몸을 떠받친다.
② 바닥에 닿지 않은 쪽 팔과 다리를 들어 균형을 유지한다. 7~20초 정도 호흡을 멈추지 말고 자세를 유지한다.

지도자 MEMO 바닥에 닿은 쪽의 발, 허리, 어깨 라인이 일직선이 되도록 한다. 자세가 힘들다면 바닥에 닿지 않은 쪽 발을 들지 말고 붙인 상태로 실시해도 괜찮다.

체간 단련	중요도 ★★★★
	난이도 ★

프로그램 165 — 체간 스태빌리티(사이드 ②)

장소 어디에서나 가능

목표 '체간 스태빌리티(사이드 ①)'의 변형된 형태로, 체력적으로 힘들지 않은 훈련이다. 여성에게도 권할 만한 자세이다.

몸을 일직선으로 만든다

▲ 바닥에 옆으로 누워 손바닥과 한쪽 발로 몸을 떠받친다.

순서

① 바닥에 옆으로 누워 한 손과 반대편 쪽의 한 발로 몸을 떠받친다.
② 바닥에 닿지 않은 쪽 팔은 허리에 붙이고, 바닥 쪽의 다리는 무릎을 굽혀 발목을 반대편 무릎 근처로 가져간다. 7~20초 정도 호흡하면서 자세를 유지한다.

지도자 MEMO 바닥에 닿은 쪽의 발, 허리, 어깨의 라인이 최대한 일직선이 되도록 한다. 허리가 아래로 내려가지 않도록 주의하자.

| 체간 단련 | 중요도 ★★★★★ |
| 난이도 ★★ |

프로그램 166 스파이더맨 Spiderman

장소 어디에서나 가능

목표 손을 바닥에 대고 '스파이더맨'처럼 이동하여 체간을 단련한다. 포인트는 최대한 몸 전체를 바닥에서 멀어지지 않도록 하는 것이다. 속도를 다투는 것이 아니므로 천천히 몸을 당기면서 실시한다.

▲ 바닥에 양손과 양발만 붙이고 엎드려 균형을 잡는다. 한 손과 반대편 발을 앞으로 옮긴다.

움직인 무릎과 움직이지 않은 팔꿈치를 붙인다

▲ 앞으로 옮긴 쪽의 무릎과 움직이지 않은 쪽 팔꿈치를 붙인다.

몸 전체가 바닥에서 멀어지지 않도록 낮은 자세를 유지한다

▲ 움직이지 않은 손과 발을 앞으로 옮긴다.

▲ 앞으로 옮긴 무릎과 움직이지 않은 팔꿈치를 붙인다. 이를 반복하며 전진한다.

순서

① 바닥에 양손과 양발을 붙이고 한 손과 그 반대편 발을 앞으로 옮긴다.
② 앞으로 옮긴 무릎이 움직이지 않은 쪽 팔꿈치(같은 쪽 팔꿈치)에 닿으면 그 팔꿈치와 반대편 발을 앞으로 옮긴다. 이것을 10~15m 정도 전진한다.

지도자 MEMO 이 연습 동작은 '같은 쪽 무릎과 팔꿈치가 닿은 후 다음 동작으로 옮긴다'라고 기억하면 쉽다. 워밍업으로도 활용할 수 있으며, 코트에서 훈련할 경우에는 '사이드라인에서 반대편 사이드라인까지'를 목표로 하면 좋을 것이다.

선수에게 '스파이더맨'과는 반대로 등을 바닥에 대고 똑바로 누운 상태(손바닥과 발로 몸을 떠받치고 손바닥이 엉덩이 뒤쪽 부근에 닿은 상태)로 이동하는 것도 체간 강화에 도움이 된다.

체간 단련	중요도	★★
프로그램 167 **한 발로 서기**	난이도	★
	장소	어디에서나 가능

목표 직립한 상태에서 한 발을 든다. 간단한 동작이지만 체간 단련법이다.

들어 올린 다리의 무릎은 90도이다

순서

① 직립한 상태에서 한 발을 든다.
② 팔을 들어 일직선을 만든다. 7~20초 간 자세를 유지한다.

지도자 MEMO 들어 올린 다리의 무릎은 90도로 구부리고, 골반은 바닥에 평행이 되도록 의식한다. 하반신을 포함한 체간과 함께 균형감각도 키울 수 있다. 익숙해지면 눈을 감고 훈련한다.

▲ 두 팔을 벌리고 한 발을 든 자세로 정지한다.

체간 단련	중요도	★★
프로그램 168 **한 발로 서서 상체 기울이기**	난이도	★★
	장소	어디에서나 가능

목표 '한 발로 서기'의 발전된 형태로, 체간과 균형감각을 길러 준다. 상체를 앞으로 기울이기 때문에 난이도가 높다.

몸을 일직선으로 만든다

순서

① 직립한 상태에서 한 발을 든다.
② 양팔을 들어 일직선을 만들고 상체를 배에서부터 앞으로 기울인다. 다리는 들어 올려 쭉 뻗고 7~20초 간 자세를 유지한다.

지도자 MEMO 사진과 같이 옆에서 봤을 때, 들어 올린 다리에서부터 머리까지의 라인이 일직선이 되는 것이 이상적이다. 한 발로 서는 것에 익숙해지면 상반신을 옆으로 기울이는 등 다양한 자세를 시도해보자.

▲ 한 발로 서서 몸을 앞으로 기울인 채 정지한다.

코디네이션

회전 패스 캐치

중요도	★★
난이도	★★
장소	어디에서나 가능

파트너가 원 바운드로 던져 올린 공을 1회전 턴하면서 잡는다. 공과 자신의 위치를 포착하여 공간을 정확하게 파악할 수 있도록 연습한다.

▲ Ⓐ와 Ⓑ는 3~4m 간격을 두고 마주 선다.

▲ Ⓑ가 공을 던져 올리면 Ⓐ는 1회전 하면서 공 쪽으로 달려간다.

▲ Ⓐ는 공중에서 공을 잡기 위해 타이밍을 맞춘다.

▲ Ⓐ는 점프해 공중에서 공을 잡은 후 그대로 착지하기 전에 Ⓑ에게 공을 돌려준다.

순서

① 도전하는 선수Ⓐ와 패스하는 선수Ⓑ는 3~4m 간격으로 마주 선다.
② Ⓑ는 공을 원 바운드시켜 Ⓐ에게 닿을 수 있도록 패스한다. Ⓐ는 공이 닿을 위치를 예측하여 1회전 턴하고 이동한다.
③ Ⓐ는 점프하여 튕겨 올라오는 공을 공중에서 잡은 후 착지하기 전에 공을 Ⓑ에게 돌려준다.

지도자 MEMO 패스하는 선수는 바운드시키는 쉬운 패스부터 시작하여 조금씩 공의 스피드를 올린다. 이 연습은 몸의 균형감각을 기르는 데도 도움이 된다.

코디네이션

| 중요도 | ★★ |
| 난이도 | ★★★ |

프로그램 170

반회전 패스 캐치

 장소   어디에서나 가능

목표 공과 자신의 위치 관계를 인식하고 뒤쪽에서 오는 공을 몸의 앞쪽에서 확실하게 받는다. 속공으로 달리면서 패스를 받는 상황 등을 생각하며 훈련하자.

▲ Ⓐ와 Ⓑ는 3~4m 간격을 두고 마주 선다.

▲ Ⓑ는 Ⓐ의 머리 위를 넘어 뒤로 떨어지도록 공을 던져 올린다.

▲ Ⓐ는 공이 떨어지는 장소를 예측하여 180도 턴한다.

▲ Ⓐ는 낙하한 공을 양손으로 확실하게 잡는다.

순서

① 도전하는 선수Ⓐ와 패스하는 선수Ⓑ는 3~4m 간격으로 마주 선다.
② Ⓑ는 Ⓐ의 머리 위를 넘어 뒤로 떨어지도록 공을 던져 올린다.
③ Ⓐ는 공이 떨어질 장소를 예측하여 180도 턴하고, 낙하지점으로 가서 양손으로 확실히 공을 캐치한다.

지도자 MEMO 놀이하듯이 할 수 있는 연습이다. 농구의 요소를 더 추가하여 180도 회전하여 공을 잡은 후 그대로 슛 동작으로 들어가도 좋다. 슛이 들어간 개수를 팀 별 대항으로 승부를 겨루면 더 재미있게 훈련할 수 있다.

코디네이션

던져 올려 패스 캐치 ①

중요도 ★★★
난이도 ★★★
장소 어디에서나 가능

공을 머리 위로 던져 그 공이 옆으로 떨어지기 전에 파트너와 패스를 주고받는다. 공이 떨어지는 타이밍과 공간을 정확히 판단하는 능력이 필요하다.

▲ Ⓐ와 Ⓑ는 각각 공을 하나씩 가지고 3~4m 간격을 두고 마주 선다.

▲ Ⓐ가 머리 위로 공을 던져 올리면, Ⓑ는 즉시 Ⓐ에게 가지고 있던 공을 패스한다.

▲ Ⓐ는 Ⓑ가 주는 패스를 받은 즉시 Ⓑ에게 패스를 돌려준다.

▲ Ⓐ는 자신이 던져 올린 공을 잡는다.

순서

① 도전하는 선수Ⓐ와 패스하는 선수Ⓑ는 3~4m 간격으로 마주 선다. Ⓐ와 Ⓑ 모두 공을 가진다.
② Ⓐ는 자기 머리 위로 공을 던져 올린다. Ⓑ는 즉시 Ⓐ에게 패스한다.
③ Ⓐ는 Ⓑ가 주는 패스를 받은 즉시 돌려주고 난 후 자신이 머리 위로 던졌던 공을 잡는다.

지도자 MEMO 포인트는 공을 머리 위 어느 정도의 높이로 던져 올려야 패스 교환 시간을 확보할 수 있는지를 예측하는 것이다. 예측을 잘하지 못하면 파트너에게 리턴 패스를 하기가 어려워지니, 동작을 정확하고도 신속하게 할 수 있도록 연습하자.

코디네이션 | 중요도 ★★
난이도 ★★★★
장소 어디에서나 가능

프로그램 172 던져 올려 패스 캐치 ②

목표 '던져 올려 패스 캐치 ①'의 발전된 형태이다. 공을 던져 올리고 파트너의 패스를 받은 뒤 그 공을 몸통 주위로 한 바퀴 돌린 후 되돌려준다.

순서

① 도전하는 선수Ⓐ와 패스하는 선수Ⓑ는 3~4m 간격으로 마주 선다. Ⓐ와 Ⓑ 모두 공을 가진다.
② Ⓐ는 머리 위로 공을 던져 올린다. Ⓑ는 즉시 Ⓐ에게 패스한다.
③ Ⓐ는 Ⓑ가 주는 패스를 받은 뒤 공을 몸통 주위로 한 바퀴 돌린 후 되돌려준다. 그 후 자신이 머리 위로 던져 올렸던 공을 잡는다.

지도자 MEMO — 빠른 동작으로 실시해야 하며, 손으로 공을 다루는 감각도 익힐 수 있다.

▲ 패스를 받은 즉시 공을 몸통 주위로 한 바퀴 돌린 다음 되돌려준다.

코디네이션 | 중요도 ★★
난이도 ★★★★★
장소 어디에서나 가능

프로그램 173 던져 올려 패스 캐치 ③

목표 '던져 올려 패스 캐치 ②'와 같은 방법으로 패스를 받아 공을 다리 주위로 돌린다. 난이도가 높다.

순서

① 도전하는 선수Ⓐ와 패스하는 선수Ⓑ는 3~4m 간격으로 마주 선다. Ⓐ와 Ⓑ 모두 공을 가진다.
② Ⓐ는 머리 위로 공을 던져 올린다. Ⓑ는 즉시 Ⓐ에게 패스한다.
③ Ⓐ는 Ⓑ가 주는 패스를 받은 뒤, 한 발을 들어 공을 다리 주변으로 돌린 뒤 패스한다. 그 후 자신이 던졌던 공을 다시 받는다.

지도자 MEMO — 난이도가 매우 높은 연습이다. 성공시키기 위해서는 재빨리 공을 다리 주위로 한 바퀴 돌려야 하고 아울러 던져 올린 공의 높이를 조정하여 시간을 계산해야 한다.

패스를 받은 즉시 다리 주위로 공을 한 바퀴 돌린 뒤 되돌려준다

코디네이션

허리밀기 트레이닝

- 중요도 ★★
- 난이도 ★★
- 장소 어디에서나 가능

꼿꼿하게 선 상태에서 허리를 옆으로 미는 간단한 연습이다. 몸의 딱딱한 동작을 부드럽게 해 주고 리드미컬하게 움직일 수 있도록 한다.

▲ 꼿꼿하게 바로 선 상태에서 허리를 옆으로 민다.

순서
① 긴장을 푼 상태에서 꼿꼿하게 바로 선다.
② 어깨 위로는 움직이지 않도록 의식하면서 허리만 좌우로 번갈아가며 옆으로 부드럽게 민다.

 지도자 MEMO 처음에는 목과 허리가 같이 움직이겠지만 허리만 좌우로 움직일 수 있도록 집중하자. 음악을 틀어 놓고 리듬에 맞춰 실시하는 것도 효과적이다.

코디네이션

S자 트레이닝

- 중요도 ★★
- 난이도 ★★★
- 장소 어디에서나 가능

'허리밀기 트레이닝'이 가능해지면 좀 더 크게 상반신을 옆으로 미는 동작에 도전해보자. 딱딱한 동작을 자연스럽게 만드는 난이도가 높은 연습이다.

▲ 꼿꼿하게 바로 선 상태에서 어깨와 허리를 반대 방향으로 민다.

순서
① 긴장을 푼 상태에서 꼿꼿하게 바로 선다.
② 어깨 위로는 왼쪽으로, 허리는 오른쪽으로 밀어 몸이 S자가 되도록 한다.

 지도자 MEMO 신호에 맞춰 '허리밀기 트레이닝'과 'S자형 트레이닝'을 번갈아 연습하면 더 효과적이다. 처음에는 동작 전환이 자연스럽지 않겠지만 최대한 동작을 연결할 수 있도록 집중하자.

코디네이션 | 중요도 ★★
난이도 ★★

프로그램 176 투 볼 슈팅 Two ball shooting

장소 어디에서나 가능

목표 골 밑에서 2개의 공으로 슛을 쏘며 공의 움직임을 읽고 몸을 조절하는 법을 익힌다. 놀이하듯 재미있게 연습할 수 있다.

순서
① 골 밑에 서서 2개의 공을 잡는다.
② 한 손씩 교대로 슛한다. 30초 간 반복한다.

▲ 골 밑에서 좌우 각각의 손에 공을 잡고 선다.
▲ 한 손으로 슛한다.

계속 같은 손으로 슛한다

떨어져 내리는 공은 한 손으로 잡는다

선수에게 즐기면서 할 수 있어 효과가 높다. 사물을 식별하고 동작을 조절하는데도 효과적인 연습이다.

▲ 슛을 한 후 들고 있던 공을 즉시 다른 손으로 바꿔 든다. 처음과 같은 손으로 슛한다.
▲ 떨어지는 공을 한 손으로 잡은 후 즉시 다른 손으로 바꿔 들고 슛한다.

지도자 MEMO 본 연습을 익혔다면 무게와 크기가 다른 공으로도 시도해보자. 농구공과 배구공도 좋다. 동료가 공을 차례대로 던져 주면 받아, 상황에 따라 힘의 가감을 조절하는 법을 익힌다.

코디네이션

한 발 스톱

중요도 ★★
난이도 ★★
장소 어디에서나 가능

목표 균형이 깨지지 않도록 의식하면서 앞이나 뒤로 세 걸음 나갔다가 한 발로 선다. 몸의 균형감각을 향상시키는 연습이다.

▲ 꼿꼿하게 선 상태에서 시작한다.

팔을 크게 휘두른다
허벅다리를 높여 올린다

▲ 허벅다리를 높이 들어 앞으로 세 걸음 이동한다.

순서

① 긴장을 풀고 꼿꼿하게 선 상태에서 시작한다.
② 앞으로 세 걸음 나가 한 발로 선다.
③ 몸의 방향은 앞으로 향한 채 뒤로 세 걸음 물러서 한 발로 선다.

응용 앞뒤로 뿐만 아니라 좌우로의 이동에도 도전해보자. 이때는 발을 교차시키지 말고 옆으로 움직인다. 동료가 '어디로 움직일지'를 신호해 주면 한 발로 설 때에도 자연스럽게 얼굴을 들 수 있어 연습 효과가 높아진다.

▲ 3번째 걸음은 한 발로 선다.

팔을 크게 휘두른다
허벅다리를 높이 올린다
몸의 방향을 바꾸지 말고 뒤로 물러난다

▲ 허벅다리를 높이 올려 뒤로 세 걸음 이동해 한 발로 멈춘다.

▲ 옆으로 이동해 한 발로 선다.

지도자 MEMO 속도를 우선시하지 말고 확실하게 허벅다리를 들고 팔을 크게 휘두르며 앞뒤로 이동하는데에 집중한다. 그리고 얼굴을 들어 앞을 보는 자세를 취한다. 팀 전체의 워밍업으로 실시해도 좋다.

코디네이션

밸런스 슈팅 Balance shooting

프로그램 178

중요도	★★★
난이도	★★★★
장소	어디에서나 가능

목표 골 밑 부근에서 점프해 몸을 회전시킨 후 '점프 슛'을 한다. 몸의 균형감각을 향상시키기 위한 연습이다.

▲ 골 밑 부근에서 공을 잡고 선다. 몸은 골 방향을 향한다.

▲ 두 발 점프하여 180도 턴해 골을 등지고 착지한다.

순서

① 골 밑 부근에서 공을 잡고 선다. 골을 마주 본다.
② 두 발 점프로 180도 턴한다. 착지한 후 즉시 두 발 점프로 180도 턴을 하여 골을 마주 보는 원래 상태로 돌아온다.
③ 착지 후 즉시 '점프 슛(56쪽)'한다.

응용 동작이 자연스러워지면 난이도를 높여 '두 발로 1회전 턴 → 점프 슛'을 하거나, '두 발로 1회전 턴 → 착지 후 반대방향으로 1회전 턴 → 착지 후 점프 슛' 동작에 도전해보자.

▲ 착지한 후 즉시 두 발로 점프하여 180도 턴한다.

처음의 턴과는 반대 방향으로 돌아 원래대로 돌아온다

▲ 골을 마주 보고 착지한 후 즉시 '점프 슛'을 한다.

▲ 점프하여 360도 턴은 난이도가 더 높은 연습이다.

지도자 MEMO '270도 턴 & 슛(84쪽)'과 비슷하지만, 연속해서 점프하는 '밸런스 슈팅'은 균형을 유지해야 해서 난이도가 더 높다. 코디네이션 능력을 향상시킨다는 데에 의미를 두고 연습하자.

235

코디네이션

동시 점프 드리블

중요도 ★★
난이도 ★★★
장소 어디에서나 가능

목표 '점프'와 '드리블'이라는 두 가지 동작을 동시에 실시해 코디네이션 능력을 높인다.

▲ 착지와 공이 바닥에 닿는 타이밍이 같아지도록 점프하면서 드리블한다.

순서
① 긴장을 푼 상태에서 공을 잡고 선다.
② 선 자리에서 두 발 점프를 하며 드리블한다. 공을 치는 타이밍은 착지와 공이 바닥에 닿는 순간을 맞춘다.

지도자 MEMO 이와 같이 두 동작을 정확하게 할 수 있도록 만드는 연습을 '커플링 트레이닝'이라고 한다. 한 동작의 타이밍과 또 다른 한 동작이 혼동되지 않도록 의식하면서 도전해보자.

코디네이션

번갈아 점프 드리블

중요도 ★★
난이도 ★★★
장소 어디에서나 가능

목표 '동시 점프 드리블'과 같은 동작이지만, 공을 치는 타이밍은 공중에 발이 떠 있고, 공이 바닥에 닿을 때를 맞춰 실시한다.

▲ 착지와 공이 바닥에 닿는 타이밍이 어긋나도록 점프하면서 드리블한다.

순서
① 긴장을 푼 상태에서 공을 잡고 선다.
② 그 자리에서 두 발로 점프를 하며 드리블한다. 공을 치는 타이밍은 자신이 공중에 있을 때 공이 바닥에 닿도록 한다.

지도자 MEMO '동시 점프 드리블'과 '번갈아 점프 드리블'을 신호에 맞춰 바꿔가며 연습하면 더욱 효과 높은 코디네이션 트레이닝이 된다.

코디네이션

| 중요도 | ★★ |
| 난이도 | ★★★ |

십자(十) 스텝 밟기

장소 | 어디에서나 가능

목표

십자(十)를 따라 스텝을 밟은 뒤 대시한다. '변환력, 식별력, 연결능력'의 코디네이션 감각을 키우는 데 좋은 방법이다.

▲ Ⓑ의 지시에 따라 Ⓐ는 스텝을 밟는다.

순서

① Ⓑ가 도전하는 선수Ⓐ에게 문자를 지정해 준다(여기서는 십자(十)를 지정했지만, 알파벳 등 다른 문자를 지정해도 된다).
② Ⓐ는 지정된 문자 모양의 스텝을 밟고 5~20m 정도 대시한다.

▲ Ⓐ는 스텝을 다 밟은 후 대시한다.

선수에게 '좌 → 우, 상 → 하'의 스텝을 다음과 같은 방법으로 밟는다. 익숙해지면 더 복잡한 문자에 도전해보자.

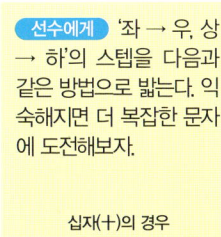

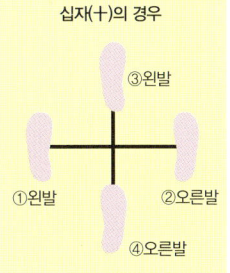

지도자 MEMO

두 사람이 실시해도 되지만, 지도자가 문자를 말하고 팀 전원이 동시에 연습하면 더 효과적이다. 그리고 지정하는 문자 또한 알파벳이나 한글 등 다른 문자여도 상관없다.

Massage of the superviser
농구를 사랑하는 분들에게

공이 링에 빨려 들어가는 순간의 짜릿함을 느껴보자!

경기에서는 '읽기'가 포인트다

연습을 통해 기술을 익힌 다음 생각해야 할 것은 그 기술을 '경기에서 어떻게 활용할 것인가'이다. 특히 농구 경기에서는 '플레이의 흐름을 읽는 것'이 포인트다. 상대가 다음 플레이를 예측해 먼저 기선을 제압하게 되면 연습했던 기술도 무용지물이 되기 때문이다. 그래서 상대의 예측을 빗나가게 하거나 혹은 자신의 생각대로 플레이를 유도하는 '페인트모션'이 중요하다. 그리고 페인트모션은 공격에 사용되는 경우가 대부분이지만 수비에서도 잘 구사할 줄만 알면 확실한 무기가 된다. '확실하게 주위를 보고, 냉정하게 판단할 것' 그런 다음 '적절한 플레이를 선택할 것', 즉 NCAA의 최다승 코치로도 유명한 밥 나이트 (Bob Knight)의 '보고, 판단하고, 플레이하라'라는 말은 경기에서 승리하기 위한 핵심이다.

IQ, EQ, RQ라는 키워드를 중시하자

'프린스턴 모션 오펜스'의 창시자인 프린스턴 대학의 전 코치 피트 캐릴(Pete Carril)은 연습을 통해 얻은 기술을 경기에서 최상으로 발휘하는 '좋은 선수'의 조건으로 IQ(지능지수), EQ(감성지수), RQ(책임지수)가 높은 선수를 꼽았다. IQ가 높은 선수는 문자 그대로 영리한 플레이를 할 수 있는 선수다. NBA 디트로이트 피스톤즈의 우승에 공헌한 코치 허브 브라운(Herb Brown)은 이를 바로 '농구 IQ'라고 부른다. EQ란 '강인한 정신력'을 말한

다. 예컨대 '불리한 상황에서도 결코 포기하지 않고 전력을 다하는 마음가짐', 혹은 '큰 차이로 이기고 있더라도 진지하게 몰두하는 태도'라고 할 수 있다. 그리고 RQ란 '책임감' 즉 '무슨 일이 있어도 자신에게 주어진 역할은 다 하겠다는 마음가짐'을 의미한다. 핸드워크나 풋워크에 빗댄다면 '헤드워크'라고도 할 수 있는 것이다. 이러한 정신력은 개인의 기량과는 아무 관계가 없으며 남녀를 불문하고 모든 선수에게 적용되는 사고방식이다.

공이 링으로 빨려 들어가는 짜릿함을 만끽하길!

공이 링 안으로 빨려 들어가는 순간의 짜릿함을 느껴보자. 농구 경기에서는 감동적인 장면이 많다. 하지만 가장 감동적인 순간은 링에 공이 빨려 들어가며 네트가 출렁거리는 때이다. 그때야 말로 농구의 매력을 응축시켜 놓은 것이 아니겠는가?

요즘 농구는 '코트 위의 5명 전원이 뛰어난 기술을 익혀 패스를 하며 어디서든 공격을 전개할 수 있는 스타일'이 이상적인 모습으로 자리 잡았다. 이는 팀 전원이 모든 기술을 익혀야 한다는 뜻이며 동시에 누구에게나 득점의 기회가 있다는 뜻이다. 농구를 좋아하는 독자들이라면 모두 골이 들어가는 순간을 만끽하며 톱 플레이어를 목표로 진지하게 연습에 몰두할 수 있으면 하는 바람이다.

치바대학 농구부 감독 히다카 데쓰로

New 농구교본 개인전술

1판 12쇄 | 2025년 11월 10일
지은이 | 히다카 데쓰로
감수자 | 이명진
옮긴이 | 박승희
발행인 | 김인태
발행처 | 삼호미디어
등　록 | 1993년 10월 12일 제21-494호
주　소 | 서울특별시 서초구 강남대로 545-21 거림빌딩 4층
　　　　www.samhomedia.com
전　화 | (02)544-9456
팩　스 | (02)512-3593

ISBN 978-89-7849-476-2 (13690)

Copyright 2013 by SAMHO MEDIA PUBLISHING CO.

출판사의 허락 없이 무단 복제와 무단 전재를 금합니다.
잘못된 책은 구입처에서 교환해 드립니다.